平成29年版

中学校
新学習指導要領
の展開

宮﨑英憲 監修
山中ともえ 編著

JN156482

特別支援教育 編

明治図書

中学校各教科等の授業時数

区分		第1学年	第2学年	第3学年
各教科の授業時数	国語	140	140	105
	社会	105	105	140
	数学	140	105	140
	理科	105	140	140
	音楽	45	35	35
	美術	45	35	35
	保健体育	105	105	105
	技術・家庭	70	70	35
	外国語	140	140	140
特別の教科である道徳の授業時数		35	35	35
総合的な学習の時間の授業時数		50	70	70
特別活動の授業時数		35	35	35
総授業時数		1015	1015	1015

注1 この表の授業時数の1単位時間は，50分とする。
　2 特別活動の授業時数は，中学校学習指導要領で定める学級活動（学校給食に係るものを除く。）に充てるものとする。

監修のことば

　2017年3月末に幼稚園教育要領，小・中学校学習指導要領，同年4月末には特別支援学校学習指導要領の改訂がなされた。また，改訂された小・中学校学習指導要領解説は6月に出された。改訂の動きに合わせて，総則を中心にして多くの解説書が出されている。学習指導要領の枠組みが従来のそれとは大きく変化したことにも由来していると思われる。更に，特別支援教育に関しての今回の学習指導要領改訂では極めて大きな変革を伴う改訂が行われている。

　障害者の権利に関する条約に掲げられたインクルーシブ教育システムの構築を目指し，児童生徒の自立と社会参加を一層推進していくためには，通常の学級，通級による指導，特別支援学級，特別支援学校において，児童生徒の十分な学びを確保し，一人一人の児童生徒の障害の状態や発達の段階に応じた指導や支援を一層充実させていく必要が認識されたことが挙げられる。通常の学級においても，発達障害を含む障害のある児童生徒が在籍している可能性があることを前提に，全ての教科等において，一人一人の教育的ニーズに応じたきめ細かな指導や支援ができるよう，障害種別の指導の工夫のみならず，各教科等の学びの過程において考えられる困難さに対する指導の工夫の意図，手立てを明確にすることが重要であるとして各教科の指導についての記述が加わった。

　したがって，本書は，特別支援教育という視点から学習指導要領を読み解くことに意を用いた。各学校が学習指導要領改訂の意図をしっかりと認識し，教育実践に生かしていくことが求められると思われる。本書がその一助となると望外の喜びである。

平成30年4月

宮﨑　英憲

はじめに

　特殊教育から特別支援教育に転換されて10年が経過し，特別支援教育の体制整備が進む中，特別支援教育を受ける児童生徒は年々増加している。特別支援学校や特別支援学級，通級による指導は多様な学びの場として大きく期待されているのである。今回の学習指導要領の改訂は，障害者の権利に関する条約を我が国が批准してから，初めての改訂であり，この条約に掲げられている共生社会に向けた理念が盛り込まれている。

　小・中学校の新学習指導要領では特別支援学級や通級による指導の教育課程編成についての記述が詳細になるとともに，全ての教科等別に障害等に応じた指導上の工夫が記述されるなど全ての教職員が特別支援教育の目的や意義について十分に理解することが不可欠である。また，特別支援学校小学部・中学部の新学習指導要領では，小学校・中学校との連続性が考慮された改訂となっている。

【社会に開かれた教育課程】

　今回の改訂では，「社会に開かれた教育課程」が一つのポイントである。10年後を予測することが難しいと言われる変化の激しい時代の中で，今の子供たちが難しい課題に挑戦していくために必要な資質・能力が改めて問い直されている。社会のグローバル化やAIに代表される技術革新等，我が国が直面している多くの課題があり，よりよい社会を創るという理念を学校と社会が共有し，互いが連携，協働して実現を図っていく必要がある。

　特別支援教育についても，総則に「児童の発達の支援」「生徒の発達の支援」として項が興されていることを受け，社会に開かれた特別支援教育を目指し，学校だけではなく地域や社会と連携し，全教職員で取り組みたい。

【カリキュラム・マネジメント】

　学校教育の改善・充実の好循環を生み出すために，教育課程に基づき組織的・計画的に教育活動の質の向上を図っていくことが，カリキュラム・マネジメントである。新学習指導要領では，カリキュラム・マネジメントについ

て，①教科横断的な視点，②PDCAサイクルの確立，③人的・物的な外部資源の活用の三つの側面が盛り込まれている。特別支援教育にどのように取り組んでいくか，各学校でPDCAサイクルに基づきながら実践が行われているが，改めて，カリキュラム・マネジメントという視点で，学校の全教職員がその必要性を理解し，取り組んでいきたい。

【特別支援学級や通級による指導の学校全体の中での位置付け】

　特別支援学級は小・中学校の中にある学級の一つであるが，特別支援学級に在籍する児童生徒に対しては，障害の状態に応じた特別の教育課程を編成することができる。また，通級による指導も，指導を受ける児童生徒一人一人に応じた特別の教育課程を編成することができる。管理職と担当する教員が特別の教育課程を十分に理解した上で，児童生徒の状態を適切に把握し作成した個別の教育支援計画や個別の指導計画に基づき，前年度との連続性や次年度への継続性等も考慮した教育課程を編成したい。更に，共生社会の形成に向けたインクルーシブ教育システムの構築を目指すためには，交流及び共同学習をより充実させることが重要である。学校全体の教職員や児童生徒に対する障害者理解教育をすすめるとともに，通常の学級の児童生徒と学習する際の合理的配慮を工夫したい。

　今回の改訂の趣旨をよく理解した上で，児童生徒一人一人の発達を支援する特別支援教育がなお一層充実されることを期待する。

平成30年4月

山中ともえ

＊本書の引用部分は，特に指定がなければ，『中学校学習指導要領』（平成29年3月）『中学校学習指導要領解説』（平成29年7月）『特別支援学校小学部・中学部学習指導要領』（平成29年4月）『中央教育審議会答申』（平成28年12月）のいずれかからの引用になる。

監修のことば
はじめに

序章 特別支援教育改訂のキーポイント

1 改訂の経緯 ………………………………………………………………… 10
2 インクルーシブ教育に向けての改訂の基本方針 ……………………… 12
3 改訂のポイント解説 ……………………………………………………… 14

1章 「総則」における特別支援教育

1 指導内容や指導方法の工夫 ……………………………………………… 18
2 特別支援学級の教育課程：
　学習上又は生活上の困難を克服し自立を図る指導 ……………………20
3 特別支援学級の教育課程：各教科等の指導 ……………………………22
4 通級による指導の教育課程：
　特別支援学校・自立活動を参考にした指導 ……………………………24
5 通級による指導の教育課程：各教科等と通級による指導の関連 ……26
6 指導と支援の計画づくり：個別の教育支援計画の作成と活用 ………28
7 指導と支援の計画づくり：個別の指導計画の作成と活用 ……………30
8 海外から帰国した生徒への指導 …………………………………………32
9 不登校生徒への配慮 ………………………………………………………34
10 学齢を経過した者への配慮 ………………………………………………36

2章 「各教科」等における特別支援教育

1 各教科等における障害のある生徒への配慮·················38
2 国語··················40
3 社会··················42
4 数学··················44
5 理科··················46
6 音楽··················48
7 美術··················50
8 保健体育··················52
9 技術・家庭··················54
10 外国語··················56
11 特別の教科　道徳··················58
12 総合的な学習の時間··················60
13 特別活動··················62

3章 「特別支援学校学習指導要領」の概説

1 特別支援学校学習指導要領の概要··················64

特別支援学校　自立活動

2 区分(1)　健康の保持··················66
3 区分(2)　心理的な安定··················68
4 区分(3)　人間関係の形成··················70
5 区分(4)　環境の把握··················72
6 区分(5)　身体の動き··················74

| 7 | 区分(6) コミュニケーション | 76 |

知的障害特別支援学校　各教科等

8	国語	78
9	社会	80
10	数学	82
11	理科	84
12	音楽	86
13	美術	88
14	保健体育	90
15	職業・家庭	92
16	外国語	94

4章 これから求められる特別支援教育の実践

通常の学級

1	思ったことをすぐに口に出してしまう生徒への指導	96
2	注意集中に困難さのある生徒への指導	100
3	自分の気持ちを表現することが苦手な生徒への指導	104

特別支援学級

| 4 | 学習上又は生活上の困難を克服し自立を図る指導 | 108 |
| 5 | 各教科の指導：理科「電気の世界」 | 112 |

通級による指導

- 6 特別支援学校・自立活動を参考にした指導……………………116
- 7 各教科等と通級による指導が連携した指導……………………120

指導と支援の計画づくり

- 8 個別の教育支援計画の作成と活用のポイント……………………124
- 9 家庭への支援も考慮した個別の教育支援計画例……………………128
- 10 個別の指導計画の作成と活用のポイント……………………132
- 11 通級による指導と連携した個別の指導計画例……………………136

付録1　中学校学習指導要領　第1章　総則（抜粋）
付録2　特別支援学校小学部・中学部学習指導要領　第2章　中学部（抜粋）
付録3　特別支援学校小学部・中学部学習指導要領　第7章　自立活動
執筆者紹介

序章　特別支援教育改訂のキーポイント

1　改訂の経緯

1 ― 学習指導要領改訂に向けた諮問

　平成26年11月20日，中央教育審議会（第95回）において，文部科学大臣より「初等中等教育における教育課程の基準等の在り方について」と題した「諮問の理由及び問題意識」と「審議の柱と具体的な審議の内容」からなる理由を添えた学習指導要領改訂に向けた諮問がされた。

　審議の柱と具体的な審議内容に関して，①教育目標・内容と学習・指導方法，学習評価の在り方を一体として捉えた，新しい時代にふさわしい学習指導要領等の基本的な考え方，②育成すべき資質・能力を踏まえた，新たな教科・科目等の在り方や，既存の教科・科目等の目標・内容の見直し，③学習指導要領等の理念を実現するための，各学校におけるカリキュラム・マネジメントや，学習・指導方法及び評価方法の改善を支援する方策の3点が挙げられている。②に関する具体的審議内容では，「障害者の権利に関する条約に掲げられたインクルーシブ教育システムの理念を踏まえ，全ての学校において，発達障害を含めた障害のある子供たちに対する特別支援教育を着実に進めていくためには，どのような見直しが必要か。その際，特別支援学校については，小・中・高等学校等に準じた改善を図るとともに，自立と社会参加を一層推進する観点から，自立活動の充実や知的障害のある児童生徒のための各教科の改善などについて，どのように考えるべきか。」との言及がなされている。特別支援教育を巡る検討課題の本質が諮問されたといえるだろう。

2 学習指導要領改訂の経緯

　学習指導要領改訂に関しての審議は，中教審教育課程企画特別部会が設置され，平成27年1月29日から開始されている。その後，精力的な審議を重ね，平成27年8月26日には「論点整理」という形で新しい学習指導要領が目指す姿等が示された。もっとも，この審議には国立教育政策研究所等で早い段階から諸外国の動向等も踏まえた基礎的研究が生かされていることは周知の事実である。平成28年8月26日に中教審教育課程部会が300頁を超える「次期学習指導要領等に向けたこれまでの審議のまとめ」を公表した。

　諮問で提起された特別支援教育を巡る課題の検討は「論点整理」を受けて特別支援教育特別部会で行われた。平成27年11月6日（第1回）を皮切りに平成28年5月30日（第9回）まで審議された。審議では，特別支援教育の意義とインクルーシブ教育システムを巡る動向についての議論を踏まえ，幼稚園，小・中学校，高等学校における特別支援教育についても言及し，それぞれ学校種での改善・充実の方向性についての検討が加えられた。この部会のとりまとめは，中教審教育課程部会「次期学習指導要領等に向けたこれまでの審議のまとめ」に反映されている。その後，平成28年12月21日中央教育審議会「幼稚園，小学校，中学校，高等学校及び特別支援学校の学習指導要領等の改善及び必要な方策等について（答申）」として，公表された。

　答申は，「第1部　学習指導要領等改訂の基本的な方向性」と「第2部　各学校段階，各教科等における改訂の具体的な方向性」から構成されている。第1部は10章構成である。具体的には，①これまでの学習指導要領等改訂の経緯と子供たちの現状。②2030年の社会と子供たちの未来。③子供たちに求められる資質・能力と教育課程の課題。④学習指導要領等の枠組みの改善と「社会に開かれた教育課程」などの視点から，横断的・重層的な示し方がされている。また，第2部は2章構成となっている。第1章は，各学校段階の教育課程の基本的な枠組みと，学校段階間の接続，第2章は，各教科・科目等の内容の見直しが扱われている。

（宮﨑　英憲）

2 インクルーシブ教育に向けての改訂の基本方針

　中央教育審議会「答申」(平成28年12月21日)の特別支援教育に係る審議等を踏まえた記述は,これまでのような扱いとは異なり,様々に横断的・重層的な取り扱いとなっているが,特に,第1部「第8章　子供一人一人の発達をどのように支援するか」の中で「5　教育課程全体を通じたインクルーシブ教育システムの構築を目指す特別支援教育」と第2部「第1章　各学校段階の教育課程の基本的な枠組みと,学校段階間の接続」の中で色濃く扱われていることが読み取れる。

　答申で示された「教育課程全体を通じたインクルーシブ教育システムの構築を目指す特別支援教育」では,まず「障害者の権利に関する条約に掲げられたインクルーシブ教育システムの構築を目指し,子供たちの自立と社会参加を一層推進していくためには,通常の学級,通級による指導,特別支援学級,特別支援学校において,子供たちの十分な学びを確保し,一人一人の子供の障害の状態や発達の段階に応じた指導や支援を一層充実させていく必要がある。」とした後,「その際,小・中学校と特別支援学校との間での柔軟な転学や,中学校から特別支援学校高等部への進学などの可能性も含め,教育課程の連続性を十分に考慮し,子供の障害の状態や発達の段階に応じた組織的・継続的な指導や支援を可能としていくことが必要である。」とし,そのための方策として次のように整理されている。

1 ─ 特別支援教育に関する教育課程の枠組み

　特別支援教育に関する教育課程の枠組みを,全ての教職員が理解できるよう,通級による指導や特別支援学級における教育課程編成の基本的な考え方

を分かりやすく示していくことが求められる。また，幼・小・中・高等学校の通常の学級においても，発達障害を含む障害のある子供が在籍している可能性があることを前提に，全ての教科等において指導の工夫の意図，手立ての例を具体的に示していくことが必要である。

2 ― 「個別の教育支援計画」と「個別の指導計画」の作成

通級による指導を受ける児童生徒及び特別支援学級に在籍する児童生徒については，「個別の教育支援計画」や「個別の指導計画」を全員作成することが適当である。平成30年度から制度化される高等学校における通級による指導については，制度の実施にあたり必要な事項を示すことと併せて，円滑に準備が進められるような実践例の紹介等が求められる。

3 ― 障害者理解と交流及び共同学習

障害者理解と交流及び共同学習については，グローバル化など社会の急激な変化の中で，多様な人々が共に生きる社会の実現を目指し，一人一人が，多様性を尊重し，協働して生活していくことができるよう，各教科等の特質に応じた「見方・考え方」と関連付けながら，学校の教育活動全体での一層の推進を図ることが求められる。更に，学校の教育課程上としての学習活動にとどまらず，地域社会との交流の中で，障害のある子供たちが地域社会の構成員であることをお互いが学ぶという，地域社会の中での交流及び共同学習の推進を図る必要がある。その際，2020年東京オリンピック・パラリンピック競技大会を契機とする「心のバリアフリー」の推進の動向も踏まえ，全ての人が，障害等の有無にかかわらず，多様性を尊重する態度を育成できるようにすることが求められる。

上記のような方向性を踏まえ，教育課程全体を通じた特別支援教育の充実を図るため，通常の学級（幼稚園等，小・中・高等学校），特別支援学級（小・中学校），通級による指導（小・中・高等学校）に分けて，具体的な取組の方向性が記述された。

（宮﨑　英憲）

3 改訂のポイント解説

　特別支援教育の充実を図るための取組の方向性について，前述のように，通常の学級，特別支援学級，通級による指導に分けて示されたことに留意する必要がある。これは，「障害者の権利に関する条約に掲げられたインクルーシブ教育システムの構築を目指し，子供たちの自立と社会参加を一層推進していくためには，通常の学級，通級による指導，特別支援学級，特別支援学校において，子供たちの十分な学びを確保し，一人一人の子供の障害の状態や発達の段階に応じた指導や支援を一層充実させていく必要がある。」との考え方に基づくものといえる。

1 通常の学級（幼稚園等，小・中・高等学校）

○小学校等の通常の学級においても，発達障害を含む障害のある児童生徒が在籍している可能性があることを前提に，全ての教科等の授業において，資質・能力の育成を目指し，一人一人の教育的ニーズに応じたきめ細かな指導や支援ができるよう，障害種別の指導や支援の工夫のみならず，各教科等の学びの過程において考えられる困難さに対する指導の工夫の意図，手立ての例を具体的に示すことが必要である。同様に，幼稚園等においても，日々の幼稚園等の活動の中で考えられる困難さに対する指導や支援の工夫の意図，手立ての例を具体的に示す。

2 特別支援学級（小・中学校）

○小・中学校における特別支援学級については，小・中学校の通常の学級，特別支援学校（小・中学部）の教育課程との連続性を確保しつつ，小・中

学校の特別支援学級に在籍する児童生徒の障害の状態等を踏まえて教育課程を編成する必要がある。
○このため，小・中学校の各学習指導要領において，特別支援学級における教育課程編成の基本的な考え方や，各教科の各学年の目標・内容の一部又は全部を当該学年の前各学年のものに替える場合及び知的障害のある児童生徒のための各教科に替える場合等の留意点などを具体的に示すことが必要である。

3 通級による指導（小・中・高等学校）

○小・中・高等学校における通級による指導について，その意義，教育課程の編成の基本的な考え方，児童生徒の実態把握から指導目標や指導内容の設定，評価・改善までの手続等について具体的に示す。
○通級による指導の目標・内容について，障害による学習上又は生活上の困難を主体的に改善・克服するための指導であることをより明確にするとともに，通級による指導と各教科等の授業における指導との連携が図られるよう，通級による指導と各教科等の指導との関係性を分かりやすく示す。
○高等学校における通級による指導の平成30年度からの制度化に当たり，その単位認定の在り方については，生徒が高等学校の定める「個別の指導計画」に従って履修し，その成果が個別に設定された目標からみて満足できると認められる場合には，当該高等学校の単位を習得したことを認定しなければならないものとする。
○生徒が通級による指導を2以上の年次にわたって履修したときは，各年次ごとに当該特別の指導について履修した単位を修得したことを認定することを原則とするが，年度途中から開始される場合など，特定の年度における授業時数が，1単位として計算する標準の単位時間（35単位時間）に満たなくとも，次年度以降に通級による指導の時間を設定し，2以上の年次にわたる授業時数を合算して単位の認定を行うことも可能とする。また，単位の修得の認定を学期の区分ごとに行うことも可能とする。

○高等学校及びその設置者が，高等学校における通級による指導の実施に向けて円滑に準備が進められるよう，校内体制及び関係機関との連携体制，各教科等の指導や支援を行う教員との連携の在り方，通級による指導に関する指導内容や指導方法などの実践例を紹介することが必要である。

4- 個別の教育支援計画，個別の指導計画の作成・活用

○現在，特別支援学校に在籍する子供たちについて作成することとされている個別の教育支援計画や個別の指導計画は，障害のある子供一人一人に対するきめ細かな指導や支援を組織的・継続的に行うために重要な役割を担っており，その意義や位置付けをより明確にする必要がある。

○通級による指導を受ける子供たち及び特別支援学級に在籍する子供たちについては，一人一人の教育的ニーズに応じた指導や支援が組織的・継続的に行われるよう，全員について個別の教育支援計画や個別の指導計画を作成することとすることが適当である。その際，必要に応じて，保護者や関係機関，教職員の共通理解の下，それらの計画を作成・活用し，就学先や進学先まで活用できることが望ましい。

○また，通常の学級にも，発達障害の子供たちをはじめ，通級による指導を受けずに，障害のある子供たちが在籍している場合があり，障害に応じた指導方法の工夫や保護者や関係機関と連携した支援を行うために「個別の教育支援計画」や「個別の指導計画」が作成・活用されてきている。こうした計画を効果的に活用することにより，指導や支援が組織的・継続的に行われることが一層望まれる。

○幼稚園等，小・中・高等学校において作成される個別の教育支援計画や個別の指導計画の作成・活用の留意点（例えば，実態把握から評価・改善までのPDCAサイクルなど）を示すことが必要である。その際，障害を理由とする差別の解消の推進に関する法律に基づく合理的配慮やその他指導上の配慮との関係性についても記述することが必要である。

5 交流及び共同学習

○グローバル化など社会の急激な変化の中で，多様な人々が共に生きる社会の実現を目指し，一人一人が，多様性を尊重し，協働して生活していくことができるよう，学校の教育活動全体で，障害者理解や交流及び共同学習の一層の推進を図る。
○具体的には，例えば，
- 保健体育科における共生の視点に立った関わり方
- 生活科における身近な人々との接し方
- 音楽科，図画工作科，美術科や芸術科における感じ方や表現の相違や共通性，よさなどの気付きを通した自己理解や他者理解
- 道徳科における正義，公正，差別や偏見のない社会の実現
- 特別活動におけるよりよい集団生活や社会の形成

など，各教科等の見方・考え方と関連付けた，交流及び共同学習の事例を示す。

6 特別支援教育の支援体制

○学校全体として特別支援教育に取り組む体制を整備し，組織として十分に機能させるよう，特別支援教育コーディネーターを中心とする校内体制等の在り方について具体的に示す必要がある。

以上の観点に基づき，学習指導要領解説が整理された。

（宮﨑　英憲）

1章 「総則」における特別支援教育

1 指導内容や指導方法の工夫

> ア 障害のある生徒などについては，特別支援学校等の助言又は援助を活用しつつ，個々の生徒の障害の状態等に応じた指導内容や指導方法の工夫を組織的かつ計画的に行うものとする。

1− 総則「障害のある生徒などへの指導」

　平成20年の学習指導要領の総則との共通点は，次の2点である。
①「特別支援学校等の助言又は援助を活用」すること。
　各学校で生徒の障害の状態等に応じた指導を充実させるために，特別支援学校等に専門的な助言や援助を要請すること。
②「個々の生徒の障害の状態等に応じた指導内容や指導方法の工夫を組織的かつ計画的に行う」こと。
　個々の教育的ニーズに応じた指導目標を定め，その上で指導内容，指導方法を定め，工夫するとしている。その際，校内での特別支援教育の推進体制を整えた上で，担任も含む全ての教師間において，個々の生徒に対する配慮等を共通理解するとともに，教員間で連携して指導計画を作成することから，組織的かつ計画的に実施するとしている。「計画的，組織的」と表記している現行と比較すると，今回の改訂が学校組織を重視していることが分かる。

2− 解説の総則編「生徒の障害の状態等に応じた指導の工夫」

　解説では，学校教育法に規定された特別支援教育の基本的な考え方「幼稚園，小学校，中学校，高等学校等において，障害のある生徒等に対し，障害による学習上又は生活上の困難を克服するための教育を行うこと」が記され

るとともに、「障害者の権利に関する条約」の教育理念にも触れ、法令上等での特別支援教育の位置付けが改めて示された。

そのことを踏まえ、全ての通常の学級に教育上特別な配慮を必要とする生徒が在籍している可能性があることを前提に、全教職員が特別支援教育の目的や意義について十分に理解することが不可欠である。

障害種の例示においても、視覚障害等に加え、新たに「学習面又は行動面において困難のある生徒で発達障害の可能性のある者」も加えられている。

指導に関しては、次の5点に留意することが記された。

①個々の障害の状態等を的確に把握した上で「困難さ」に対する「指導上の工夫の意図」を理解し、様々な「手立て」を検討し指導に当たること。

弱視、難聴・言語障害、肢体不自由、病弱・身体虚弱、LD、ADHDの等の生徒について特別な配慮の具体例が紹介されている。

②全ての教師が障害に関する知識や配慮等についての正しい理解と認識を深め、障害のある生徒等に対する組織的な対応ができるようにすること。

参考資料として学習指導要領解説の各教科等に示された困難さに応じた手立て例や文部科学省作成「教育支援資料」が紹介された。

③個々の生徒の障害の状態等に応じた指導内容や指導方法の工夫を検討し、適切な指導を行うこと。

障害の種類や程度によって一律に指導内容や指導方法を決めずに、個々の生徒の障害の状態等に応じて適切な指導を行うことの大切さが記された。

④特別支援教育実施の責任者としての校長の役割の明確化

校長の職務として、改めて校内委員会の設置、特別支援教育コーディネーターの校務分掌への明確な位置付けをして、学校全体の特別支援教育の体制を充実させ、効果的な学校運営に努めることが記された。

⑤担任を含む全ての教師間で連携して個々の生徒を共通理解すること

他の生徒に特別な支援の必要性の理解を進め、互いの特徴を認め合い支え合う関係づくりに努めることも強調されている。

（喜多　好一）

2 特別支援学級の教育課程：学習上又は生活上の困難を克服し自立を図る指導

> イ 特別支援学級において実施する特別の教育課程については，次のとおり編成するものとする。
> (ア) 障害による学習上又は生活上の困難を克服し自立を図るため，特別支援学校小学部・中学部学習指導要領第7章に示す自立活動を取り入れること。

1- 総則「障害のある生徒などへの指導」

　特別支援学級の教育課程編成は，学校教育法に特別の教育課程によることができると規定されている。

　今回の総則には，新たに特別支援学級の教育課程編成の基本的な考え方が明記され，その内容として「自立活動」を取り入れることが記された。

2- 解説の総則編「特別支援学級における特別の教育課程」

　現行の解説の総則編には，特別支援学級における特別の教育課程を編成する場合には，学級の実態や生徒の障害の程度等を考慮の上，特別支援学校小学部・中学部学習指導要領を参考とし，実情に合った編成にする必要があるとしている。その参考例として，障害による学習上又は生活上の困難の改善・克服を目的とした指導領域である「自立活動」を取り入れることや各教科の目標を下学年の教科の目標や内容に替えること，知的障害者である生徒に対する教育を行う特別支援学校の各教科に替えることが記されている。

　今回の改訂では，これまで解説に記されていた「自立活動」が総則の本文の中に，特別支援学級において実施する特別な教育課程の編成に取り入れる

こととして記された。

総則の解説編には,「自立活動」を扱う際の留意点として,次の3点を挙げている。

①自立活動の6区分27項目の内容の取扱い

個々の生徒の障害の状態等の的確な把握に基づき,必要な項目を選定して取り扱うこと。

②自立活動の指導目標,指導内容を踏まえた個別の指導計画を作成し,それに基づいて指導を展開すること

個別の指導計画の作成の手順や様式は,それぞれの学校が生徒の障害の状態,発達や経験の程度,興味・関心,生活や学習環境などの実態を的確に把握し,自立活動の指導の効果が最もあがるように考えること。

③個別の指導計画の作成手順

個別の指導計画の作成について次のような手順を示している。

---

a　個々の生徒の実態を的確に把握する。
b　実態把握に基づいて得られた指導すべき課題や課題相互の関連を整理する。
c　個々の実態に即した指導目標を設定する。
d　特別支援学校学習指導要領の小学部・中学部学習指導要領第7章第2の内容から,個々の生徒の指導目標を達成させるために必要な項目を選定する。
e　選定した項目を相互に関連付けて具体的な指導内容を設定する。

自立活動における個別の指導計画の作成について更に理解を促すために,「特別支援学校学習指導要領解説　自立活動編」に記されている,発達障害を含む多様な障害に対する生徒等の例を参照することが大切としている。

(喜多　好一)

3 特別支援学級の教育課程：各教科等の指導

> イ(イ) 生徒の障害の程度や学級の実態等を考慮の上，各教科の目標や内容を下学年の教科の目標や内容に替えたり，各教科を知的障害者である生徒に対する教育を行う特別支援学校の各教科に替えたりするなどして，実態に応じた教育課程を編成すること。

1- 総則「障害のある生徒などへの指導」

　現行の解説の総則編では，特別支援学級の特別の教育課程を編成する際は，「各教科の目標・内容を下学年の教科の目標・内容に替えたり，各教科を知的障害者である生徒に対する教育を行う特別支援学校の各教科に替えたりするなど」として，実情に合った教育課程を編成する必要があるとしている。改訂された総則においても同様の記載であるが，総則の本文に新設されて記載されている。

2- 解説の総則編「特別支援学級における特別の教育課程」

　特別支援学級における特別の教育課程に関する規程を参考にする際の留意点としては，次の通りである。
○特別支援学級は中学校の学級の一部であり，学校教育法に定める中学校の目的及び目標を達成するものであること。
○特別支援学校の学習指導要領を参考にする場合は，選択した理由を保護者等に対して説明責任を果たすこと。
○指導の継続性を担保する観点から理由を明らかにすること。
　知的障害者である生徒の実態に応じた各教科の目標を設定するための手続

きの例が，次のように具体的に示されている。

> a 中学校学習指導要領の第2章各教科に示されている目標及び内容について，次の手順で生徒の習得状況や既習事項を確認する。
>   ・当該学年の各教科の目標及び内容について
>   ・当該学年より前の各学年の各教科の目標及び内容について
> b aの学習が困難又は不可能な場合，特別支援学校小学部・中学部学習指導要領の第2章第2款第1に示されている知的障害者である生徒を教育する特別支援学校小学部の各教科の目標及び内容についての取扱いを検討する。
> c 生徒の習得状況や既習事項を踏まえ，中学校卒業までに育成を目指す資質・能力を検討し，在学期間に提供すべき教育内容を十分見極める。
> d 各教科の目標及び内容の系統性を踏まえ，教育課程を編成する。

この手順にあるように，個々の生徒の各教科等の習得状況をアセスメントした上で，適切な各教科の目標や内容を定めていくことになる。今回，新たな視点として，手続きの例cに示された中学校卒業までに育成すべき資質・能力を検討し教育内容を十分に見極めること，手続きの例dの各教科の目標及び内容の系統性を踏まえることが示された。

育成すべき資質・能力，教科の系統性は今回の新学習指導要領で重要なキーワードであることからも，学びの連続性を担保するためにも十分に留意していきたい。

現行と同様に，特別支援学級の教科書についても，いわゆる検定教科用図書を使用することが適当でない場合には，他の適切な教科用図書を使用することができると記された。

（喜多　好一）

4 通級による指導の教育課程：特別支援学校・自立活動を参考にした指導

> ウ　障害のある生徒に対して，通級による指導を行い，特別の教育課程を編成する場合には，特別支援学校小学部・中学部学習指導要領第7章に示す自立活動の内容を参考とし，具体的な目標や内容を定め，指導を行うものとする。

1 — 現行の解説総則編(第5節教育課程実施上の配慮事項　8障害のある生徒の指導)

①特別の指導の場（通級指導教室）において障害に応じた特別の指導（自立活動，各教科の内容を補充するための指導）を行う。
②通級による指導の担当教師と他の教師と連携し，効果的な指導を行う。

2 — 新学習指導要領の解説

　新学習指導要領の解説では，現行の学習指導要領の解説に示された「通級による指導」よりもさらに詳細な内容が示された。

①教育形態
　通常の学級に在籍している障害のある生徒に対して，各教科等の大部分の授業を通常の学級で行いながら，一部の授業について当該生徒の障害に応じた特別の指導を特別の指導の場（通級指導教室等）で行う教育形態である。

②対象となる生徒
　学校教育法施行規則第140条各号の一に該当する生徒（特別支援学級の生徒を除く。）で，具体的には，言語障害者，自閉症者，情緒障害者，弱視者，難聴者，学習障害者，注意欠陥多動性障害者，肢体不自由者，病弱者及び身体虚弱者である。

③**特別の教育課程**

　通級による指導を行う場合には，学校教育法施行規則第50条第1項，第51条，第52条の3，第72条，第73条，第74条，第74条の3，第76条，第79条の5及び第107条までの規定にかかわらず，特別の教育課程によることができ，障害による特別の指導を，中学校の教育課程に加え，又は，その一部に替えることができる。

④**指導内容**
- 指導に当たっては，特別支援学校小学部・中学部学習指導要領第7章に示す自立活動の6区分27項目の内容を参考とする。
- 生徒一人一人に，障害の状態や特性及び心身の発達の段階等の的確な把握に基づいた自立活動における個別の指導計画を作成する。
- 具体的な指導目標や指導内容を定め，それに基づいて指導を展開する必要がある。

3― 通級による指導の充実に向けて

①**担当する教員の基礎定数化について**

　公立義務教育諸学校の学級編制及び教職員定数の標準に関する法律の一部改正（平成29年3月）により，通級による指導を担当する教員が基礎定数化された。通級による指導の担当教師の配置を計画的に行えることから，今後，更に通級による指導の拡充が期待される。

②**自立活動の内容について**

　自立活動は，個々の生徒が自立を目指し，障害による学習上又は生活上の困難を主体的に改善・克服するために必要な知識，技能，態度及び習慣を養い，もって心身の調和的発達の基盤を培うことを目的としている。示されている内容（健康の保持・心理的な安定・人間関係の形成・環境の把握・身体の動き・コミュニケーション）を参考にして，一人一人の障害の状態や発達の状態を的確に把握し，系統的・具体的な指導計画を作成する必要がある。

〈山中ともえ〉

5 通級による指導の教育課程：各教科等と通級による指導の関連

> ウ …その際，効果的な指導が行われるよう，各教科等と通級による指導との関連を図るなど，教師間の連携に努めるものとする。

1 — 現行の解説総則編(第5節教育課程実施上の配慮事項　8障害のある生徒の指導)

①対象者，教育課程の取扱い，授業時数の標準について示されている。
②他校で指導を受ける場合，学校間及び担当教師間の連携を密にする。

2 — 新学習指導要領の解説

　新学習指導要領の解説では，次のことが示された。特に，現行の学習指導要領で，特別の指導として示されていた「各教科の内容を補充するための指導」について配慮したい。
①現行で規定されていた「障害の状態等に応じて各教科の内容を補充するための特別の指導」について，単に教科の学習の遅れを取り戻すための指導として解釈されることのないよう留意する。
②通級による指導に係る授業時数の標準が示された。
③各教科等と通級による指導との関連を図り，学校間・教師間の連携を密にする。

3 — 各教科の学習の遅れを取り戻す指導(教科の補充)ではないこと

　「学校教育法施行規則第140条の規定による特別の教育課程について定める件の一部を改正する告示」(平成28年文部科学省告示第176条)において，それまで「特に必要があるときは，障害の状態に応じて各教科の内容を補充す

るための特別の指導を含むものとする。」と規定されていた趣旨が，単に各教科の学習の遅れを取り戻すための指導など，通級による指導とは異なる目的で指導を行うことができると解釈されることのないよう「特に必要があるときは，障害の状態に応じて各教科の内容を取り扱いながら行うことができる」と改正された。通級による指導の内容について，各教科の内容を取り扱う場合であっても，障害による学習上又は生活上の困難の改善又は克服を目的とする指導であるとの位置付けが明確化された。

4 通級による指導に係る授業時数の標準

- 通級による指導に係る授業時数は，年間35単位時間から280単位時間までを標準とする。
- そのほか，学習障害者及び注意欠陥多動性障害者については，年間10単位時間から280単位時間までを標準とする。

5 通常の学級との連携

- 通常の学級の担任と通級による指導の担当教師とが随時，学習の進捗状況等について情報交換を行う。
- 通級による指導の効果が，通常の学級においても波及することを目指す。
- 当該生徒が在籍校以外の学校で特別の指導を受ける場合，当該生徒が在籍する中学校の校長は，他校で受けた指導を，特別の教育課程に係る授業とみなすことができる（学校教育法施行規則第141条）。
- 当該する生徒が在籍する中学校の校長は，当該特別の指導を行う学校の校長と十分に協議し，教育課程を編成する。
- 当該生徒が在籍する中学校の校長は，当該特別の指導を行う学校の校長と定期的に情報交換を行う。
- 学校間及び担当教師間の連携を密にし，教育課程の編成，実施，評価，改善を行う。

（山中ともえ）

6 指導と支援の計画づくり：個別の教育支援計画の作成と活用

> エ　障害のある生徒などについては，<u>家庭，地域及び医療や福祉，保健，労働等の業務を行う関係機関との連携を図り，長期的な視点で生徒への教育的支援を行うために，個別の教育支援計画を作成し活用すること</u>に努めるとともに，各教科等の指導に当たって，個々の生徒の実態を的確に把握し，個別の指導計画を作成し活用することに努めるものとする。特に，特別支援学級に在籍する生徒や通級による指導を受ける生徒については，個々の生徒の実態を的確に把握し，<u>個別の教育支援計画や個別の指導計画を作成し</u>，効果的に活用するものとする。

1 ─ 総則「個別の教育支援計画や個別の指導計画の作成と活用」

　現行で総則では，「障害のある生徒などについては，特別支援学校等の助言又は援助を活用しつつ，例えば指導についての計画又は家庭や医療，福祉等の業務を行う関係機関と連携した支援のための計画を個別に作成することなどにより，個々の生徒の障害の状態等に応じた指導内容や指導方法の工夫を計画的，組織的に行うこと」「特に，特別支援学級又は通級による指導については，教師間の連携に努め，効果的な指導を行うこと」と記載されている。改訂でも総則の中にあるが変更点は次の通りである。
○「イ　特別支援学級において実施する特別の教育課程」の編成として記載された。
○「個別の教育支援計画」という名称が使用された。
○「個別の教育支援計画」については，関係機関に「地域，保健，労働」が新たに加えられたこと，「長期的な視点」で生徒への「教育的」支援を行

うことが明記された。
○障害のある生徒などに対して,「個別の教育支援計画」を作成は活用することに努めること。
○特別支援学級に在籍する生徒や通級による指導を受ける生徒については,「個別の教育支援計画」を作成し,効果的に活用すること。

2 - 個別の教育支援計画の作成

　改訂された解説の総則編には,個別の教育支援計画について,「教育,医療,福祉,労働等の関係機関が連携・協力を図り,障害のある生徒の生涯にわたる継続的な支援体制を整え,それぞれの年代における生徒の望ましい成長を促すために作成される個別の支援計画のうち,幼児,児童生徒に対して,教育機関が中心となって作成するもの」と定義されている。

　作成及び活用に当たっての留意点として次の3点が記載されている。

①関係機関の取組を個別の指導計画に記すこと

　家庭や医療,福祉などの関係機関と連携するため,それぞれの側面からの取組を示して作成し,活用していくこと。

②就学前から進学先までの切れ目ない支援に生かす

　就学前に作成される個別の支援計画を引き継ぎ,適切な支援の目的や教育的支援の内容を設定したり,進路先に在学中の支援の目的や教育的支援の内容を伝えたりすること。

③個人情報の適切な管理

　個別の教育支援計画には,多くの関係者が関与することから,保護者の同意を事前に得るなど個人情報の適切な取扱いに十分留意すること。

（喜多　好一）

7 指導と支援の計画づくり：個別の指導計画の作成と活用

> エ　障害のある生徒などについては，家庭，地域及び医療や福祉，保健，労働等の業務を行う関係機関との連携を図り，長期的な視点で生徒への教育的支援を行うために，個別の教育支援計画を作成し活用することに努めるとともに，各教科等の指導に当たって，個々の生徒の実態を的確に把握し，個別の指導計画を作成し活用することに努めるものとする。特に，特別支援学級に在籍する生徒や通級による指導を受ける生徒については，個々の生徒の実態を的確に把握し，個別の教育支援計画や個別の指導計画を作成し，効果的に活用するものとする。

1 － 総則編「個別の教育支援計画や個別の指導計画の作成と活用」

　改訂でも総則の中にあるが変更点は次の通りである。
○「イ　特別支援学級において実施する特別の教育課程」の編成として記載された。
○「個別の指導計画」という名称が使用された。
○「個別の教育支援計画」については，関係機関に「地域，保健，労働」が，障害のある生徒などに対して，「個別の指導計画」を作成は活用することに努めること。
○特別支援学級に在籍する生徒や通級による指導を受ける生徒については，「個別の指導計画」を作成し，効果的に活用すること。
　改訂では，特別支援学級に在籍する生徒や通級による指導を受ける生徒に対する2つの計画について，全員作成することとなった。また，通常の学級においては障害のある生徒などが在籍していることから，通級による指導を

受けていない障害のある生徒などの指導に当たっては,「個別の指導計画」を作成し,活用に努めることになった。

2 個別の指導計画を作成する際の留意点

　個別の指導計画は,個々の生徒の実態に応じて適切な指導を行うために学校で作成されるものである。個別の指導計画は,教育課程を具体化し,障害のある生徒など一人一人の指導目標,指導内容及び指導方法を明確にして,きめ細やかに指導するために作成するものである。

　教職員,保護者,関係機関と連携して作成する際の留意点として,次の3点が記されている。

①個別の指導計画の共通理解と評価

　各学校では,個別の指導計画を作成する目的や活用の仕方に違いがあることに留意し,計画の位置付けや作成の手続きなどを整理し,共通理解を図ることが必要であり,実施状況を適宜評価し改善を図っていくこと。

②個別の指導計画の作成・活用システムの校内での構築

　障害のある生徒などの指導等を担任する教師や特別支援教育コーディネーターだけに任せるのではなく,全ての教師の理解と協力が必要であり,学校運営上の特別支援教育の位置付けを明確にし,学校組織の中で担任する教師が孤立することのないようにすること。

③学校全体の協力体制づくりの推進

　校長のリーダーシップのもと,全ての教師が個別の指導計画についての正しい理解と認識を深め,教師間の連携に努めていくこと。

（喜多　好一）

8 海外から帰国した生徒への指導

ア　海外から帰国した生徒などについては，学校生活への適応を図るとともに，外国における生活経験を生かすなどの適切な指導を行うものとする。
イ　日本語の習得に困難のある生徒については，個々の生徒の実態に応じた指導内容や指導方法の工夫を組織的かつ計画的に行うものとする。特に，通級による日本語指導については，教師間の連携に努め，指導についての計画を個別に作成することなどにより，効果的な指導に努めるものとする。

1 学校生活への適応等

　学校では帰国生徒や外国人生徒に加え，両親のいずれかが外国籍であるなどの生徒が多くなっており，一人一人の実態は様々である。このため，学校生活への適応において配慮するよう，次のことが示された。
・一人一人の実態を的確に把握し，当該生徒が自信や誇りをもって学校生活において自己実現を図ることができるように配慮すること。
・帰国生徒や外国人生徒等は貴重な生活経験をもっており，その経験や外国語の能力などの特性を，学習に生かすことができるよう配慮すること。
・他の生徒についても，帰国生徒や外国人生徒等と共に学ぶことを通じて，異文化を理解し共に生きていこうとする姿勢を育てるよう配慮すること。

2 日本語の習得に困難のある生徒への通級による指導

(1) 通級による指導

　新学習指導要領では，現行に加え，新たに「通級による日本語指導」が示

された。平成26年に学校教育法施行規則が改正され，日本語の習得に困難がある生徒に対し，日本語の能力に応じた特別の指導を行うための特別の教育課程を編成することが可能となった。

①**指導内容**
・学校生活に必要な日本語の能力を高めるための指導。
・日本語の能力に応じた各教科等の指導。

②**指導方法**
・通級による日本語指導は，学校教育法施行規則第56条の２に基づく。
・在籍学級以外の教室などにおいて，指導などを行う。
・担当教師同士が情報交換を行うなどの連携に努め，指導の充実を図る。
・通級による指導を担当する教師が中心となり，個々の生徒の日本語の能力や学校生活への適応状況を含めた多面的な把握に基づき，個別の指導計画を通常の学級の担当教師等と連携して作成し，学習評価を行う。

(2) **通常の学級における支援**
・授業で使われている日本語や学習内容を認識できるようにするための支援
・学習したことを構造化して理解・定着できるようにするための支援
・理解したことを適切に表現できるようにするための支援
・自ら学習を自律的に行うことができるようにするための支援
・学習や生活に必要な心理的安定のための情意面の支援
　通常の学級の担当教師には，生徒の状況に応じた支援を行う。

(3) **その他の配慮**
・生徒の不適応の問題が生じる場合もあるので，教師自身が理解しようとする姿勢を保ち，学級経営等において配慮する。
・外国人生徒や外国につながる生徒については，課外において当該国の言語や文化の学習の機会を設けることなどにも配慮する。
・担当教師同士や学校管理職など，学校全体で取り組む体制を構築する。
・日本語教育や母語によるコミュニケーションなどの専門性を有する学校外の専門人材の参加・協力を得る。

(山中ともえ)

9 不登校生徒への配慮

> ア　不登校生徒については，保護者や関係機関と連携を図り，心理や福祉の専門家の助言又は援助を得ながら，社会的自立を目指す観点から，個々の生徒の実態に応じた情報の提供その他の必要な支援を行うものとする。
> イ　相当の期間中学校を欠席し引き続き欠席すると認められる生徒を対象として，文部科学大臣が認める特別の教育課程を編成する場合には，生徒の実態に配慮した教育課程を編成するとともに，個別学習やグループ別学習など指導方法や指導体制の工夫改善に努めるものとする。

1 新たに加わった不登校生徒への配慮

「義務教育の段階における普通教育に相当する教育の機会の確保等に関する法律」が，平成28年12月に施行された。また，同法に基づき教育機会の確保等に関する施策を総合的に推進するために「義務教育の段階における普通教育に相当する教育の機会の確保等に関する基本指針」が文部科学省において策定された。新学習指導要領では，新たに不登校生徒への配慮として示された。支援を行う際の配慮について解説では次のように記された。
①不登校は，取り巻く環境によっては，どの生徒にも起こり得る。
②不登校とは，多様な要因・背景により，結果として不登校状態になっているものであり，その行為を「問題行動」と判断しない。
③不登校生徒が悪いという根強い偏見を払拭し，学校・家庭・社会が不登校生徒に寄り添い共感的理解と受容の姿勢をもつことが，生徒の自己肯定感を高めるためにも重要である。

2 - 個々の生徒の実態に応じた支援

①個々の状況に応じた必要な支援
- 登校という結果のみを目標にするのではなく，生徒が自らの進路を主体的に捉えて，社会的に自立することを目指す。
- 家庭訪問も含めた継続的な把握が必要である。
- 不登校生徒の状況によっては休養が必要な場合があり，学校以外の多様で適切な学習活動を踏まえた支援も必要である。
- 家庭で多くの時間を過ごしている不登校生徒に対しては，必要な情報提供や助言，ＩＣＴ等を通じた支援，家庭等への訪問による支援を行う。

②登校した場合の配慮
- 温かい雰囲気で迎え入れられるよう配慮し，保健室，相談室や学校図書館等も活用しつつ，安心して学校生活を送ることができるよう支援する。

③組織的・計画的な支援
- 学級担任だけではなく，教育相談担当教師や専門スタッフ等と連携・分担し，学校全体で支援を行う。
- 福祉，医療及び民間の団体等の関係機関等と情報共有を行う。
- 「生徒理解・教育支援シート」等を作成することが望ましい。

3 - 不登校生徒の実態に配慮した教育課程の編成

(1)特別の教育課程の編成
　相当の期間中学校を欠席し引き続き欠席すると認められる生徒を対象として，その実態に配慮した特別の教育課程を編成する場合は，学校教育法施行規則第56条に基づき，文部科学大臣の指定が必要となる。

(2)指導方法や指導体制の工夫改善
　①不登校生徒に合わせた個別学習，グループ別学習，家庭訪問や保護者への支援等個々の生徒の実態に即した支援
　②学校外の学習プログラムの積極的な活用

（山中ともえ）

10 学齢を経過した者への配慮

> ア 夜間その他の特別の時間に授業を行う課程において学齢を経過した者を対象として特別の教育課程を編成する場合には，学齢を経過した者の年齢，経験又は勤労状況その他の実情を踏まえ，中学校教育の目的及び目標並びに第2章以下に示す各教科等の目標に照らして，中学校教育を通じて育成を目指す資質・能力を身に付けることができるようにするものとする。
> イ 学齢を経過した者を教育する場合には，個別学習やグループ別学習など指導方法や指導体制の工夫改善に努めるものとする。

1 新たに加わった学齢経過者への配慮

①中学校夜間学級（夜間中学）

　夜間中学は，昭和20年代初頭に中学校に付設された学級であり，平成28年度現在，全国に31校が設置されている。平成28年12月に成立した「義務教育の段階における普通教育に相当する教育の機会の確保等に関する法律」によって，全ての地方公共団体に，夜間中学における就学機会の提供等の措置を講ずることが義務付けられた。

　夜間中学には，義務教育未修了者に加えて，本国において義務教育を修了していない外国籍の者や不登校など様々な事情から実質的に十分な教育を受けられないまま学校の配慮などにより卒業した者で，中学校で学び直すことを希望する者，そして不登校となっている学齢生徒の受入れが可能である。

②学齢経過者に対する特別の教育課程の編成

　平成29年3月の学校教育法施行規則改正により，夜間中学において学齢経

過者に対して指導を行う際に，学校教育法施行規則第56条の4等に基づき，その実情に応じた特別の教育課程を編成することができることとなった。学齢経過者のうち，その者の年齢，経験，または勤労の状況その他の実情に応じた特別の指導を行う必要がある人を，夜間その他特別の時間において教育する場合には，特別の教育課程によることができる。教育課程編成の際の配慮について解説では次のように記された。

・学習指導要領を踏まえつつ，各教科等の内容のうち，当該生徒の各学年の課程の修了または卒業を認めるに当たって必要と認められる内容によって編成する。
・指導する上で必要な場合は，小学校段階の内容を取り扱うことができる。
・特別の教育課程を実施するために必要となる授業時数を適切に確保する。
・特別の指導を行う必要がある者か否かの判断及びその教育課程の内容は，当該学齢経過者をはじめとする在籍する生徒の教育課程の編成権限を有する校長が判断する。
・夜間中学については，昼間の中学校で不登校となっている学齢生徒が希望する場合には，夜間中学で受け入れることが可能であるが，不登校の学齢生徒に対して特別の教育課程を編成する際には，学校教育法規則第56条等に基づき，特別の教育課程を編成することとなる。

2 学齢を経過した者への教育における指導方法等の工夫改善

・年齢や境遇が多様であることも踏まえ，指導方法や指導体制について，各学校がその実態に応じて工夫改善していくことが必要である。
・個別学習やグループ別学習に加え，学習内容の習熟の程度に応じた指導方法等を導入したり，ティーム・ティーチングや合同授業などの指導体制を工夫したりする。
・日本国籍を有しない生徒の中には，日本語の能力が不十分な場合があり，そうした生徒に対する配慮が必要となる。当該生徒の実態に応じて指導内容や教材の工夫をすること等が重要である。　　　　　　　　　　（山中ともえ）

2章 「各教科」等における特別支援教育

1 各教科等における障害のある生徒への配慮

1 — 各教科等の学習指導要領における,障害のある生徒への配慮についての事項(障害のある生徒への指導)の明記

　今回の中学校学習指導要領改訂では,新たに,中学校の各教科等の学習指導要領全てにおいて,障害のある生徒への配慮についての事項(または,障害のある生徒への指導)が次のように明記された。それは,「障害のある生徒については,学習活動を行う場合に生じる困難さに応じた指導内容や指導方法の工夫を計画的,組織的に行うこと。」という規定である。

　中学校の各教科の学習指導要領には,「障害のある生徒などの指導に当たっては,個々の生徒によって,見えにくさ,聞こえにくさ,道具の操作の困難さ,移動上の制約,(中略)…注意の集中を持続することが苦手であることなど,学習活動を行う場合に生じる困難さが異なることに留意し,個々の生徒の困難さに応じた指導内容や指導方法を工夫することを,各教科等において示している。」と記述されている。

2 — 障害の状態や発達の段階に応じた指導や支援の一層の充実

　解説に,この規定を設けた背景として,「障害者の権利に関する条約に掲げられたインクルーシブ教育システムの構築を目指し,生徒の自立と社会参加を一層推進していく」ことを挙げている。

　そのためには,現在,障害のある生徒が学ぶ,「通常の学級,通級による指導,特別支援学級,特別支援学校において,生徒の十分な学びを確保し,一人一人の生徒の障害の状態や発達の段階に応じた指導や支援を一層充実さ

せていく必要がある。」と記述されている。

3― 障害種別の指導の工夫のみならず，各教科等の学びの過程において考えられる困難さに対する指導の工夫の意図，手立てを明確にすること

　解説では，「通常の学級においても，発達障害を含む障害のある生徒が在籍している可能性があることを前提に，全ての教科等において，一人一人の教育的ニーズに応じたきめ細やかな指導や支援ができるよう，障害種別の指導の工夫のみならず，各教科等の学びの過程において考えられる困難さに対する指導の工夫の意図，手立てを明確にすることが重要である。」と記述されている。このことは，障害のある生徒の指導に対して，障害種別の指導の工夫の他に，例えば，その生徒が，国語や数学等を学ぶ過程において想定される困難さをあらかじめ教師が考え，その困難さに対してどのように工夫した指導を行うのか，その意図や手立てを明らかすることが重要であることを示している。

4― 学習活動のねらいを踏まえ，学習内容の変更や学習活動の代替を安易に行うことがないよう留意すること

　解説では，「（各教科等の）目標や内容の趣旨，学習活動のねらいを踏まえ，学習内容の変更や学習活動の代替を安易に行うことがないよう留意するとともに，生徒の学習負担や心理面にも配慮する必要がある。」と記述されている。

　各教科等の学習指導要領には，各教科等に応じた目標や内容の趣旨，学習活動のねらいが示されている。障害のある生徒の指導においても，生徒の学習負担や心理面に配慮しながら，学習指導要領に示されている各教科等の目標や内容の趣旨等を踏まえた指導を行い，安易に学習内容を変更したり，本来行うべき学習活動を別の活動に替えたりすることのないよう留意する必要がある。

（大崎　博史）

2 国語

1 ― 他者の感情を理解するのが困難な生徒への配慮

　中学校学習指導要領解説国語編（以下，解説）では，「自分の立場以外の視点で考えたり他者の感情を理解したりするのが困難な場合には，生徒が身近に感じられる文章（例えば，同世代の主人公の物語など）を取り上げ，文章に表れている心情やその変化等が分かるよう，行動の描写や会話文に含まれている気持ちがよく伝わってくる語句等に気付かせたり，心情の移り変わりが分かる文章の中のキーワードを示したり，心情の変化を図や矢印などで視覚的に分かるように示してから言葉で表現させたりするなどの配慮をする。」と記述されている。

　例えば，「走れメロス」の題材では，フィロストラトスの「あの方は，あなたを信じて居りました。刑場に引き出されても，平気でいました。王様が，さんざんあの方をからかっても，メロスは来ます，だけ答え，強い信念を持ちつづけている様子でございました。」と述べたのに対して，メロスが「それだから，走るのだ。信じられているから走るのだ。間に合う，間に合わぬは問題でないのだ。人の命も問題でないのだ。私は，なんだか，もっと恐ろしく大きいものの為に走っているのだ。」と述べている。そこで，このメロスの会話にはどのような気持ちが表れているか，また，それはどの語句から伝わってくるのか考え，生徒に気持ちが伝わる語句について気付かせることが大切である。

　さらに，メロスの心情を図や矢印などで視覚的に分かるように提示することも大切である。

2 ― 一定量の文字を書くことが困難な生徒への配慮

　解説には,「比較的長い文章を書くなど,一定量の文字を書くことが困難な場合には,文字を書く負担を軽減するため,手書きだけではなくＩＣＴ機器を使って文章を書くことができるようにするなどの配慮をする。」と記述されている。

　例えば,ディスレクシア(読み書き障害)のある生徒の中には,書く内容は理解しているが,原稿用紙などのマス目が認知できず,書く作業に困難を示す生徒もいる。そこで,そのような生徒には,パソコンのワープロソフトが用意されていれば,書く作業によって生ずる困難性を緩和することが可能になる。文字を書く負担を軽減するため,ＩＣＴ機器を活用して文章を書くことができるように配慮することが大切である。

3 ― 声を出して発表することに困難がある生徒や,人前で話すことへの不安を抱いている生徒への配慮

　解説には「声を出して発表することに困難がある場合や人前で話すことへの不安を抱いている場合には,紙やホワイトボードに書いたものを提示したりＩＣＴ機器を活用したりして発表するなど,多様な表現方法が選択できるように工夫し,自分の考えを表すことに対する自信がもてるような配慮をする。」と記述されている。

　声を出して人前で話すことへ不安を抱いている生徒には,発表について多様な表現方法が選択できるように準備することが大切である。例えば,模造紙やホワイトボードの活用,紙芝居やペープサートによる発表,電子黒板やタブレット型端末の画像を提示しての発表など多様な表現方法が考えられる。

　　　　　　　　　　　　　　　　　　　　　　　　(大崎　博史)

3 社会

1 ─ 資料から必要な情報を見付け出したり，読み取ったりすることが困難な生徒への配慮

　中学校学習指導要領解説社会編（以下，解説）では，「地図等の資料から必要な情報を見付け出したり，読み取ったりすることが困難な場合には，読み取りやすくするために，地図等の情報を拡大したり，見る範囲を限定したりして，掲載されている情報を精選し，視点を明確にするなどの配慮をする。」と記述されている。

　生徒の中には，資料の中の文字が小さくて見えなかったり，見るところが拡散されたりして，どの部分に焦点化して見ると良いのかがわからない生徒もいる。そのような場合には，地図等の情報を拡大したり，逆に見る範囲を限定したりなどして，生徒が必要な情報を見付け出したり，読み取ったりできるように配慮することが大切である。

2 ─ 社会的事象に興味・関心がもてない生徒への配慮

　解説では，「社会的事象等に興味・関心がもてない場合には，その社会的事象の意味を理解しやすくするため，社会の動きと身近な生活がつながっていることを実感できるよう，特別活動などとの関連付けなどを通して，実際的な体験を取り入れ，学習の順序を分かりやすく説明し，安心して学習できるようにするなどの配慮をする。」と記述されている。

　生徒に，社会で起きているさまざまな事象を考えさせるためには，生徒の日常生活と社会的事象とを結び付けるような題材の工夫が必要である。

例えば，今，自分たちが身に付けている衣服や時計，靴などはどこの国で製造された物なのか，また，なじみのファストフード店で提供されているハンバーガーの肉や野菜，フライドポテトのじゃがいも，アイス・コーヒーのコーヒー豆の生産地はどこなのかなどを調べることで，社会の動きと身近な生活がつながっていることを実感することができる。

また，指導を展開するに当たっては，その題材をどのような順番で生徒に学んでもらいたいかをあらかじめ考え，生徒に対して学習の順番を分かりやすく説明し，生徒に学習の見通しをもたせて安心して学習できるように配慮することが大切である。

3 – 学習過程における動機付けの場面において学習上の課題を見いだすことが難しい生徒への配慮

解説では，「学習過程における動機付けの場面において学習上の課題を見いだすことが難しい場合には，社会的事象等を読み取りやすくするために，写真などの資料や発問を工夫すること，また，方向付けの場面において，予想を立てることが困難な場合には，見通しがもてるようヒントになる事実をカード等に整理して示し，学習順序を考えられるようにすること，そして，情報収集や考察，まとめの場面において，どの観点で考えるのか難しい場合には，ヒントが記入されているワークシートを作成することなどの配慮をする。」と記述されている。

この配慮は，社会だけの配慮ではないが，特に社会的事象については，新聞記事やニュース等の映像を用いる等工夫することが大切である。また，方向付けの場面において，生徒が予想を立てることが困難な場合には，見通しがもてるようなヒントになる事実をカード等で提示したり，まとめの場面においては，生徒がまとめやすいようにヒントが記入されているワークシートを作成したりするなどして配慮することが大切である。

（大崎　博史）

4 数学

1 - 文章を読み取り，数量の関係を文字式を用いて表すことが難しい生徒への配慮

　中学校学習指導要領解説数学編（以下，解説）では，「文章を読み取り，数量の関係を文字式を用いて表すことが難しい場合，生徒が数量の関係をイメージできるように，生徒の経験に基づいた場面や興味のある題材を取り上げ，解決に必要な情報に注目できるよう印を付けさせたり，場面を図式化したりすることなどの工夫を行う。」と記述されている。

　生徒の中には，文章を読み取り，数量の関係を文字式で表すことが難しい生徒もいる。例えば，文章に記述されている意味をイメージできなかったり，その文章から文字式をどのように組み立てていくかがわからなかったりする生徒もいる。

　そこで，そのような生徒には，生徒の経験等に基づいた，例えば遊園地への入園料などの題材を取り上げ，遊園地の入場料が大人1人a円，子供1人b円のとき，大人1人と子供2人の入園料の合計は$a+2b$と表せることや，入園料の合計は10,000円である時は，$a+2b=10,000$と表すことができることを伝えるとともに，式に文字を用いることの必要性や意味を同時に伝えてみる。このように，生徒の経験等に基づいた題材を扱うことで，生徒が興味・関心をもち，数量の関係をイメージできるように配慮することが大切である。

2 - 空間図形のもつ性質を理解することが難しい生徒への配慮

　解説によると「空間図形のもつ性質を理解することが難しい場合，空間における直線や平面の位置関係をイメージできるように，立体模型で特徴のある部分を触らせるなどしながら，言葉でその特徴を説明したり，見取図や投影図と見比べて位置関係を把握したりするなどの工夫を行う。」と記述されている。

　例えば，生徒が円柱や円錐，角柱，角錐，多面体などの学習をする時に，辺や面，頂点などの構成要素やその個数について立体模型等を触って確認をしたり，平行や垂直などについても触って特徴を確認したり，見取図や展開図とあわせて位置関係を把握したりして，頭の中でイメージするだけでなく，実際に触って図形の特徴を考えていくことが大切である。

遊園地の入園料を文字式を用いて考える

（大崎　博史）

5 理科

1 − 実験の手順や方法を理解することに困難がある生徒への配慮

　中学校学習指導要領解説理科編（以下，解説）では，「実験を行う活動において，実験の手順や方法を理解することが困難である場合は，見通しがもてるよう，実験の操作手順を具体的に明示したり，扱いやすい実験器具を用いたりするなどの配慮をする。」と記述されている。

　生徒の中には，何の実験をするのか，どのような手順で実験するのかの見通しがもてず，実験に参加することが難しい生徒もいる。そのような場合には，生徒に実験の目的や方法がわかるように明確に伝える必要がある。

　例えば，水に溶けた物質をどのように取り出すかの実験では，ミョウバンはその水溶液の温度を下げることにより結晶を取り出すことができ，食塩は食塩水の水を蒸発させることにより結晶を取り出すことができることを学ぶ。この実験を行うときに，どのような準備物が必要か，どのような手順で実験を行うのかが記入されたプリント等を用意すると，生徒が今日の実験の目的は何か，実験はどのような手順で行うのかを理解することができる。このように，生徒に実験の目的や実験の手順などの方法を明示し，生徒に活動の見通しをもたせることが大切である。

2 − 危険を伴う学習活動への配慮

　解説では，「燃焼実験のように危険を伴う学習活動においては，教師が確実に様子を把握できる場所で活動させるなどの配慮をする。」としている。

　実験等を行うにあたっては，生徒にあらかじめ加熱の仕方や実験に使用す

る器具や薬品などの扱い方について十分説明したうえで，安全に配慮して実験を行うように指導することが大切である。安全に配慮していたとしても，試験管が割れたり，薬品が飛び散ったりして思いがけないアクシデントが起こる場合もまれにある。特に，加熱実験をする場合には，生徒が火傷をする危険性があることも想定し，教師が生徒の様子を把握できる場所で実験を行う等の配慮が必要である。

実験の手順が記入されたプリントを見ながら実験する様子

（大崎　博史）

6 音楽

1 - リズムや速度,旋律などを知覚することが難しい生徒への配慮

　中学校学習指導要領解説音楽編（以下，解説）では，「音楽を形づくっている要素（リズム，速度，旋律，テクスチュア，強弱，形式，構成など）を知覚することが難しい場合は，要素に着目しやすくできるよう，音楽に合わせて一緒に拍を打ったり体を動かしたりするなどして，要素の表れ方を視覚化，動作化するなどの配慮をする。なお，動作化する際は，決められた動きのパターンを習得するような活動にならないよう留意する。」と記述されている。

　生徒の中には，リズムをとることが難しい生徒もいる。そのような時には，音楽に合わせて教師と一緒に手拍子を打ったり，リズムに合わせて体を左右に揺らしたり，指揮者のように指揮棒を用いて音の強弱を表現するなど，音楽を形づくっている要素に着目しやすくなるよう，視覚化や動作化の方法を工夫することが大切である。

　また，生徒の中には，みんなで同じ旋律をリコーダー演奏する時に，今，自分がどこの旋律を演奏しているのかが分からなくなり，混乱する生徒もいる。このような場合には，模造紙に拡大した楽譜を書いたものを黒板に提示し（電子黒板に楽譜を提示してもよい），今，演奏しているところはどこなのかを視覚化して示すなど配慮することが大切である。

　ただし，最初に考える必要があることは，生徒がどのように音楽を形づくっている要素を捉えているのかを見極める必要がある。例えば，指で机を叩いてリズムを取る生徒や，体を前後に揺らしてリズムを取る生徒もいる。他

の生徒に比べてワンテンポ遅れて音を知覚する生徒もいる。多様な生徒が音楽を学んでいることを前提に，生徒一人一人に応じた配慮を行うためにも，まずは，生徒がどのように音楽を形づくっている要素をとらえているのかを見極めることが大切である。

2- 音楽を聴くことで自分の内面に生まれる様々なイメージや感情を言語化することが難しい生徒への配慮

　解説では，「音楽を聴くことによって自分の内面に生まれる様々なイメージや感情を言語化することが難しい場合は，表現したい言葉を思い出すきっかけとなるよう，イメージや感情を表す形容詞などのキーワードを示し，選択できるようにするなどの配慮をする。」と記述されている。

　それぞれの音楽には，その音楽固有の表情，雰囲気，気分や味わいを醸し出す曲想がある。生徒が，曲想を感じ取って聴き，その音楽によって喚起されるイメージや感情を意識することが大切である。また，音楽科における鑑賞の学習は，音楽によって喚起されたイメージや感情などを，自分なりに言葉で言い表したり書き表したりして，生徒が自らの感性を豊かに働かせて，その音楽のよさや美しさなどを味わって聴くことが大切である。生徒の中には，曲想を感じ取って聴くことができても，自分の内面に生まれた様々なイメージや感情を言葉で言い表したり書き表したりすることが困難な生徒もいる。そのような場合には，生徒が表現したい言葉を思い出すきっかけとなるよう，「明るい」「爽やかな」「悲しい」などのイメージや感情を表す形容詞などのキーワードを示して，生徒のイメージや感情を言語化することが大切である。

（大崎　博史）

7 美術

1 — 形や色彩などの変化を見分けたり，微妙な変化を感じ取ったりすることが難しい生徒への配慮

　中学校学習指導要領解説美術編（以下，解説）では，「形や色彩などの変化を見分けたり，微妙な変化を感じ取ったりすることが難しい場合などにおいて，生徒の実態やこれまでの経験に応じて，造形の要素の特徴や働きがわかりやすいものを例示することや，一人一人が自分に合ったものが選べるように，多様な材料や用具を用意したり種類や数を絞ったり，造形の要素の特徴や働きが分かりやすいものを例示したりするなどの配慮をする。」と記述されている。

　形や色彩，図柄，材料，光などは，構成や装飾をするための造形の要素である。生徒の中には，形や色彩の変化を見分けたり，微妙な変化を感じ取ったりすることが困難な生徒もいる。

　例えば，粘土で野菜を表現し，作る活動をする場合，本物の野菜を用意し，生徒に，野菜を構成している実や葉，根などを実際に見てもらったり，触ってもらったり，臭いをかがせたりして，各部分にどのような違いがあるのかを考えてもらうことが大切である。その時に，生徒の経験や実態を考慮して，例えば，その野菜の形状に似ている形状のものを例示するなどして，造形的な特徴を理解できるように工夫することが大切である。

2 — 造形的な特徴などからイメージを捉えることが難しい生徒への配慮

解説によると「造形的な特徴などからイメージを捉えることが難しい場合などにおいて，形や色などに対する気付きや豊かなイメージにつながるように，自分や他の人の感じたことや考えたことを言葉にする場を設定するなどが考えられる。」と記述されている。

　生徒は自らの感覚や活動を通して，形や線，色，質感などを捉えている。また，形や線，色，質感などを基に，自分なりのイメージを持って対象を捉えている。例えば，「エメラルドグリーンに輝く沖縄の海」などのイメージを持つことができる。しかし，生徒の中には，形や色などの造形的な特徴を捉えることが困難な生徒もいる。そのような生徒には，自分の感じたことや考えたことを言葉にする場を設定したり，友人の感じたことや考えたことを聞く場を設定したりすることが大切である。それらの機会を設けることで，生徒が，自分がどのように感じているのかを周りの人に伝えることができる。また，他の人がどのような感じ方をしているのかを知ることができる。さらに，他の人の感じ方を知ることで，自分の言葉による表現方法の幅を広げることができる。

3 美術における一人一人の状況や発達の特性に配慮し，個に応じた学習を充実させていくことの大切さ

　解説によると「美術科においては，表現及び鑑賞の活動を通して，一人一人の生徒が感性や想像力などを働かせて，対象や事象の様々なことを感じ取り考えながら，自分としての意味や価値をつくりだし，美術の創造活動の喜びを味わえるよう，互いの表現のよさや個性などを認め尊重し合う活動を重視している。また，表現及び鑑賞に関する資質・能力を育成する観点から，一人一人の状況や発達の特性に配慮し，個に応じた学習を充実させていくことが求められる。」と記述されている。

　このように，障害のある生徒一人一人に応じた指導や支援の一層の充実が求められている。

（大崎　博史）

8 保健体育

1 ─ 複雑な動きをしたり,バランスを取ったりすることに困難がある生徒への配慮

　中学校学習指導要領解説保健体育編（以下，解説）では，「見えにくさのため活動に制限がある場合には，不安を軽減したり安全に実施したりすることができるよう，活動場所や動きを事前に確認したり，仲間同士で声を掛け合う方法を事前に決めたり，音が出る用具を使用したりするなどの配慮をする。」と記述されている。

2 ─ 身体の動きに制約があり,活動に制限がある生徒への配慮

　解説では，「身体の動きに制約があり，活動に制限がある場合には，生徒の実情に応じて仲間と積極的に活動できるよう，用具やルールの変更を行ったり，それらの変更について仲間と話し合う活動を行ったり，必要に応じて補助用具の活用を図ったりするなどの配慮をする。」と記述されている。

　例えば，脳性まひにより，右脚に軽度のまひがある生徒の場合には，陸上競技で走る距離を調整したり，ハードル走ではハードルの高さを調整したりするなどして，用具やルールの変更を行い，可能な限りその生徒が競技に参加できるように配慮することが大切である。また，ルール等の変更については，その活動に参加する生徒が話し合って決めるなどして，協同の経験を通して，運動の楽しさや喜びを味わったり，公正に取り組んだり，互いに協力するなどの意欲を育てることも大切である。

3 ─ リズムやタイミングに合わせて動くことや複雑な動きをすること,ボールや用具の操作等が難しい生徒への配慮

　解説では,「リズムやタイミングに合わせて動くことや複雑な動きをすること,ボールや用具の操作等が難しい場合には,動きを理解したり,自ら積極的に動いたりすることができるよう,動きを視覚的又は言語情報に変更したり簡素化したりして提示する,動かす体の部位を意識させる,操作が易しい用具の使用や用具の大きさを工夫したりするなどの配慮をする。」と記述されている。

4 ─ 試合や記録測定,発表などの状況の変化への対応が求められる学習活動への参加が難しい生徒への配慮

　解説では,「試合や記録測定,発表などの状況の変化への対応が求められる学習活動への参加が難しい場合には,生徒の実情に応じて状況の変化に対応できるようにするために,挑戦することを認め合う雰囲気づくりに配慮したり,ルールの弾力化や場面設定の簡略化を図ったりするなどの配慮をする。」と記述されている。

5 ─ 実習などの学習活動に参加することが難しい生徒への配慮

　解説では,「保健の学習で,実習などの学習活動に参加することが難しい場合には,実習の手順や方法が理解できるよう,それらを視覚的に示したり,一つ一つの技能を個別に指導したりするなどの配慮をする。」と記述されている。

　この他にも,解説にはたくさんの配慮が例示されている。ぜひ,参考にしてほしい。

(大崎　博史)

9 技術・家庭

1 - 気が散りやすく,工具や機器を安全に使用することが難しい生徒への配慮

　中学校学習指導要領解説技術・家庭編（以下，解説）では，「技術分野では『A材料と加工の技術』の(2)において，周囲の状況に気が散りやすく，加工用の工具や機器を安全に使用することが難しい場合には，障害の状態に応じて，手元に集中して安全に作業に取り組めるように，個別の対応ができるような作業スペースや作業時間を確保したり，作業を補助するジグを用いたりすることが考えられる。」と記述されている。

　使用する工具や機器の中には，切断や切削する工具や機器など，操作を誤ると非常に危険なものも含まれている。特に，機械加工は手工具による加工に比べて危険である。したがって，これらの工具や機器を操作するに当たっては，安全に作業を進める必要がある。しかし，生徒の中には，周囲の状況に気が散りやすく，工具や機器を安全に使用することが難しい生徒もいる。そのような場合には，生徒が周囲に気が散らないように，個別対応ができる作業スペースを用意するなどの工夫が必要である。

2 - 新たなプログラムを設計することが難しい生徒への配慮

　解説では，「『D情報の技術』の(2)及び(3)において，新たなプログラムを設計することが難しい場合は，生徒が考えやすいように，教師があらかじめ用意した幾つかの見本となるプログラムをデータとして準備し，一部を自分なりに改良できるようにするなど，難易度の調整や段階的な指導に配慮するこ

とが考えられる。」と記述されている。

「情報の技術」の授業においては，生徒が設定した課題を解決するために，適切なプログラミング言語を用いて，プログラムの編集・保存，動作の確認，デバック等を行えるようにすることをねらう授業が展開される場合もある。しかし，生徒の中には，新たなプログラムを設計することに困難を示す生徒もいる。そのような場合には，生徒の実態に応じて，あらかじめいくつかの見本のプログラムをデータとして用意し，そこから，生徒がプログラムの設計を一部でも自分で改良できるよう工夫して提示することが大切である。

3 学習活動の見通しをもったり，安全に用具等を使用したりすることが難しい生徒への配慮

解説では，「家庭分野では，『B衣食住の生活』の(3)及び(5)において，調理や製作などの実習を行う際，学習活動の見通しをもったり，安全に用具等を使用したりすることが難しい場合には，個に応じて段階的に手順を写真やイラストで提示することや，安全への配慮を徹底するために，実習中の約束事を決め，随時生徒が視覚的に確認できるようにすることなどが考えられる。」と記述されている。

4 グループで活動することが難しい生徒への配慮

解説では，「グループで活動することが難しい場合には，他の生徒と協力する具体的な内容を明確にして役割分担したり，役割が実行できたかを振り返ることができるようにしたりすることなどが考えられる。」と記述されている。

生徒の中には，グループで活動することが難しい生徒もいる。このような場合には，グループ内での各生徒の役割を明確にして提示したり，活動の最後にはその役割を全うできたかどうかの振り返りの時間を設けたりするなどして，生徒が自分の活動を振り返って考えられるように工夫することが大切である。

(大崎　博史)

10 外国語

1 ― 発音と綴りの明確な規則にこだわり，強い不安や抵抗感を抱く生徒への配慮

　中学校学習指導要領解説外国語編（以下，解説）では，「英語の語には，発音と綴りの関係に必ずしも規則性があるとは限らないものが多く，明確な規則にこだわって強い不安や抵抗感を抱いてしまう生徒の場合，語を書いたり発音したりすることをねらう活動では，その場で発音することを求めず，ねらいに沿って安心して取り組めるようにしたり，似た規則の語を選んで扱うことで，安心して発音できるようにしたりするなどの配慮をする。」と記述されている。

例えば，「watch（腕時計）」は，短音の「o」が「a」の文字で書かれている。また，「sea（海）」の「ea」は「イー」と発音するのに，「head（頭）」の「ea」は「エ」と発音する。このように，英語の語には，発音と綴りの関係に必ずしも規則性があるとは限らない。しかし，生徒の中には，「ea」と綴ってあるから「イー」と発音しなければならないと思っている生徒もいる。
　また，実際に「head」を「ヒイード」と発音し，教師から発音の間違いを指摘され，自信をなくしてしまう生徒もいるかもしれない。
　そのような生徒には，正しく発音することだけにとらわれず，たくさん発音する中で正しい語の発音を覚えてもらい，強い不安や抵抗感を取り除くことが重要である。

（大崎　博史）

11 特別の教科　道徳

1 – 「困難さの状態」を把握することの大切さ

　中学校学習指導要領解説特別の教科道徳編（以下，解説）では，「発達障害等のある生徒に対する指導や評価を行う上では，それぞれの学習の過程で考えられる『困難さの状態』をしっかりと把握した上で必要な配慮が求められる。」と記述されている。

2 – 他者との社会的関係の形成に困難がある生徒への配慮

　解説によると，「他者との社会的関係の形成に困難がある場合であれば，相手の気持ちを想像することが苦手で字義通りの解釈をしてしまうことがあることや，暗黙のルールや一般的な常識が理解できないことがあることなど困難さの状況を十分に理解した上で，例えば，他者の心情を理解するために役割を交代して動作化，劇化したり，ルールを明文化したりするなど，学習過程において想定される困難さとそれに対する指導上の工夫が必要である。」と記述されている。

　例えば，道徳では，友情のよさを発見し，信頼を基盤として成り立つ友情が人間としての生き方の自覚を深める上でいかに尊いものであるかを実感することを学ぶ。しかし，生徒の中には，「友情」や「信頼」という抽象的な言葉の意味を理解できない生徒もいる。そのような場合には，例えば，同級生が困ったり，落ち込んでいたりする場面を劇化するなどして，友達として，そのような場面に遭遇した時，自分だったらどのように言葉掛けをするのか，また，どのように言葉掛けされると嬉しいのかなど，生徒に考えさせること

が大切である。このような学習を行うことによって，生徒が「友情」や「信頼」という言葉の意味を学ぶことができる。

3 ─ 他者との社会的関係の形成に困難がある生徒の評価を行うに当たって

　解説によると「評価を行うに当たっても，困難さの状況ごとの配慮を踏まえることが必要である。」と記述されている。例えば，他者との社会的関係の形成に困難がある生徒の評価については，解説では，「指導を行った結果として，相手の意見を取り入れつつ自分の考えを深めているかなど，生徒が多面的・多角的な見方へ発展させていたり道徳的価値を自分のこととして捉えていたりしているかを丁寧に見取る必要がある。」と記述されている。

　また，「発達障害等のある生徒の学習状況や道徳性に係る成長の様子を把握するため，道徳的価値の理解を深めていることをどのように見取るのかという評価資料を集めたり，集めた資料を検討したりするに当たっては，相手の気持ちを想像することが苦手であることや，望ましいと分かっていてもそのとおりにできないことがあるなど，一人一人の障害により学習上の困難さの状況をしっかりと踏まえた上で行い，評価することが重要である。」と記述されている。

　最後に，解説にも記述されているが，「道徳科の評価は他の生徒との比較による評価や目標への到達度を測る評価ではなく，一人一人の生徒がいかに成長したかを積極的に受け止めて認め，励ます個人内評価として行う」ものである。したがって，障害のある生徒一人一人の「困難さの状態」をしっかりと把握し，必要な配慮を提供していくことが大切である。

（大崎　博史）

12 総合的な学習の時間

1 — 事象を調べたり,情報をまとめたりすることに困難がある生徒への配慮

　中学校学習指導要領解説総合的な学習の時間編（以下，解説）では，「様々な事象を調べたり，得られた情報をまとめたりすることに困難がある場合は，必要な事象や情報を選択して整理できるように，着目する点や調べる内容，まとめる手順や調べ方について具体的に提示するなどの配慮をする。」と記述されている。

　総合的な学習の時間は，生徒が体験活動などを通して，課題を設定し，その課題に基づいて必要な情報を収集し，収集した情報を，整理したり分析したりして思考し，気付きや発見，自分の考えなどをまとめ，判断し，表現する「探求的な学習」をすることが求められる。生徒の中には，課題を設定したものの，その課題の探求の仕方が思い浮かばなかったり，せっかく情報を収集してもまとめる手順がわからなかったりして，困惑する生徒もいる。そのような生徒に対して，必要な情報を選択して整理できるようにしたり，まとめ方などをわかりやすく提示したりするなどの工夫が必要である。

2 — 関心のある事柄を広げることが難しい生徒への配慮

　解説によると「関心のある事柄を広げることが難しい場合は，関心のもてる範囲を広げることができるように，現在の関心事を核にして，それと関連する具体的な内容を示していくことなどの配慮をする。」と記述されている。

　例えば，鉄道に関心のある生徒であれば，鉄道に関連させながら生徒の関心のもてる範囲を広げていくことも大切である。

3 – 情報の中から,必要な事柄を選択して比べることが難しい生徒への配慮

　解説によると「様々な情報の中から，必要な事柄を選択して比べることが難しい場合は，具体的なイメージをもって比較することができるように，比べる視点の焦点を明確にしたり，より具体化して提示したりするなどの配慮をする。」と記述されている。

　抽象的でなく，具体的なイメージをもたせるための工夫が必要である。

4 – 学習の振り返りが難しい生徒への配慮

　解説によると「学習の振り返りが難しい場合は，学習してきた場面を想起しやすいように，学習してきた内容を文章やイラスト，写真等で視覚的に示すなどして，思い出すための手掛かりが得られるように配慮する。」と記述されている。例えば，ボランティア活動を体験した場合には，活動場面の写真を見たり，実際の活動の様子を再現したりするなどして，生徒が思い出すための手掛かりを得られるように工夫することが大切である。

5 – 話すことへの不安から，自分の考えなどを発表することが難しい生徒への配慮

　解説によると「人前で話すことへの不安から，自分の考えなどを発表することが難しい場合は，安心して発表できるように，発表する内容について紙面に整理し，その紙面を見ながら発表できるようにすること，ＩＣＴ機器を活用したりするなど，生徒の表現を支援するための手立てを工夫できるように配慮する。」と記述されている。

　発表原稿を紙に書いてまとめたり，模造紙に図示してまとめたり，ＩＣＴ機器を活用して視覚的な提示ができるようにしたりするなどの工夫をして，生徒が安心して発表できるように配慮することが大切である。

（大崎　博史）

13 特別活動

1 - 相手の気持ちを察したり理解することが苦手な生徒への配慮

　中学校学習指導要領解説特別活動編（以下，解説）では，「相手の気持ちを察したり理解することが苦手な生徒には，他者の心情等を理解しやすいように，役割を交代して相手の気持ちを考えたり，相手の意図を理解しやすい場面に置き換えることや，イラスト等を活用して視覚的に表したりする指導を取り入れるなどの配慮をする。」と記述されている。

　例えば，学級としての意見をまとめるなどの話合い活動では，様々な考え方をもった学級の成員がそれぞれの意見を出し合い，相互に尊重し合いながら最終的には学級としての意見をまとめていく必要がある。ここでは，意見の異なる人と議論して協同的に問題解決する態度を育成したり，意見の対立が生じたとき，その対立を乗り越えて問題解決したりする方法を身に付けることが期待されている。しかし，生徒の中には，相手の気持ちを察したり，理解したりすることが苦手な生徒もいる。そこで，そのような生徒には，意見を発表するときには言葉だけではなく，自分の考えを視覚的にもわかりやすく伝えることが大切である。話合い活動の場に模造紙やマジックなどを用意しておくとよい。また，日頃から自分の考えをまとめて，視覚的に表現する学習を行うことも必要である。自分の考えをノートに整理したり，考えをまとめるシート等を用意したりして，日頃から自分の考えをまとめて，視覚的に表現できることが大切である。

2 - 話を最後まで聞いて答えることが苦手な生徒への配慮

解説によると「話を最後まで聞いて答えることが苦手な場合には，発言するタイミングが理解できるように，事前に発言や質問する際のタイミングなどについて具体的に伝えるなど，コミュニケーションの図り方についての指導をする。」と記述されている。

　例えば，生徒会活動では，学校生活における課題を解決したり，学校生活をより良くしたりするための，集団としての意見をまとめる話合い活動が行われるが，生徒の中には，どのタイミングで意見を述べたり，質問したりするとよいのか，わからない生徒もいる。そのような生徒に対して，事前に意見や質問するタイミング等について具体的に伝えておくなどの配慮が必要だ。

3 − 避難訓練等の参加に対し，強い不安を抱いたり戸惑ったりする生徒への配慮

　解説によると「学校行事における避難訓練等の参加に対し，強い不安を抱いたり戸惑ったりする場合には，見通しがもてるよう，各活動や学校行事のねらいや活動の内容（得意なこと）の分担などについて，視覚化したり，理解しやすい方法を用いたりして事前指導を行うとともに，周囲の生徒に協力を依頼しておく。」と記述されている。

　例えば，急に火災報知器がなったり，非常放送が流れたりすることに対して強い不安を抱き，パニックになる生徒もいる。そのような生徒に対しては，事前に避難訓練が行われることを伝えるとともに，いざという時にどのような行動をとるべきかについて，その生徒の理解しやすい方法を用いて事前指導を行うことが大切である。

　また，いざという時は，予告なしに，火災報知器が鳴ったり，非常放送が流れることを伝えること，落ち着いて行動したり，自分の役割を果たしたり，自分の命を守ることを伝えることが大切である。

　さらに，周囲の生徒にも協力を依頼し，パニックになっている生徒に声をかけて落ち着かせたり，行動を一緒にできるようにしたりしておくことが大切である。

（大崎　博史）

3章 「特別支援学校学習指導要領」の概説

1 特別支援学校学習指導要領の概要

1− 今回の改訂の基本的考え方

　特別支援学校学習指導要領の基本的方向性は，「社会に開かれた教育課程の実現」，「育成を目指す資質・能力の明確化」，「主体的・対話的で深い学びの視点を踏まえた授業改善」，「各学校におけるカリキュラム・マネジメントの推進」等，小・中学校学習指導要領の改訂の基本的方向性と変わらない。教育の目的は障害の有無にかかわらず，全ての児童生徒に共通するものである。
　今回の改訂の重点は，障害のある児童生徒の学びの場の柔軟な選択を踏まえ，幼・小・中・高等学校の教育課程との連続性の重視と障害の多様化への対応及び卒業後の自立と社会参加に向けた充実にある。

2− 教育内容等の改善の要点

①重複障害者等に関する教育課程の取扱い

　児童生徒の障害の状態により学びの連続性を確保する視点から，基本的な考え方が次のように整理された。
ア　当該学年の各教科及び外国語活動の目標及び内容に関する事項の一部を取り扱わないことができるとしたこと。
イ　各教科及び道徳科の目標及び内容に関する事項を前学年の目標及び内容に替えることができるとしたこと。

②知的障害者である児童生徒のための各教科の基本的考え方

　知的障害者である児童生徒のための各教科等の目標や内容について，育成を目指す資質・能力は，小・中学校の各教科において育成を目指す資質・能

力と基本的には同じであるとして捉え,「知識及び技能」「思考力,判断力,表現力等」「学びに向かう力,人間性」の三つの柱に基づき整理され,以下の事項が示された。

ア　中学部に二つの段階を新設するとともに,小・中学部の各段階に目標を設定し,段階ごとの内容のつながりを充実させること。

イ　知的障害の程度や学習状況等の個人差が大きいことを踏まえ,特に必要がある場合には,個別の指導計画に基づき,相当する学校段階までの学習指導要領の各教科の目標及び内容を参考に指導が可能であること。

ウ　各教科等を合わせて指導を行う際には,各教科等で育成を目指す資質・能力を明確にした上で,カリキュラム・マネジメントの視点に基づいて計画−実施−評価−改善していくこと。

③一人一人に応じた指導の充実

　児童生徒の障害の状態や特性等を十分に考慮するとともに,多様な学びの場における自立活動の指導が,児童生徒等の自立と社会参加の質の向上につながるような指導となるように留意することが示された。

ア　発達障害を含む多様な障害に応じた指導を充実させるため,「障害の特性の理解と生活環境の調整に関すること」の項目が新たに示され6区分27項目に整理されたこと。

イ　個別の指導計画の作成において児童生徒の実態把握,指導目標の設定,具体的な指導内容の設定,評価等について配慮すること。

④「自立と社会参加」に向けた教育の充実

ア　社会的・職業的自立に向けて必要な基盤となる資質・能力を育み,キャリア発達を促すキャリア教育の充実を図ることが示されたこと。

イ　生涯学習への意欲を高め,生涯を通じてスポーツや文化芸術活動に親しみ,豊かな生活を営むことができるように配慮することが示されたこと。

ウ　心のバリアフリーのために障害のない児童生徒と交流及び共同学習を充実させることが示されたこと。

（横倉　　久）

特別支援学校　自立活動

2 区分(1) 健康の保持

　生命を維持し，日常生活を行うために必要な健康状態の維持・改善を身体的な側面を中心として図る観点から以下の内容を示している。
(1)生活のリズムや生活習慣の形成に関すること。
(2)病気の状態の理解と生活管理に関すること。
(3)身体各部の状態の理解と養護に関すること。
(4)障害の特性の理解と生活環境の調整に関すること。
(5)健康状態の維持・改善に関すること。
　健康の保持というと，まだ自力では生命を維持することが難しい児童生徒に対して，その困難を改善するための指導を行うというイメージを抱きやすい。しかし，健康とは，自己の状態と環境との相互作用の中で捉えられるものでもある。この区分に新設された，(4)は，幅広く健康を捉え，環境に対して主体的に働きかける内容である。
　平成21年3月告示の学習指導要領の「指導計画の作成と内容の取扱い」には「個々の児童又は生徒が，活動しやすいように自ら環境を整えたり，必要に応じて周囲の人に支援を求めたりすることができるような指導内容」を計画的に取り上げることとされている。これは「社会的障壁の除去についての意思表示」に関わる重要な内容であり，今回，それを直接読み取れるような項目が加えられた。
　特に発達障害のある児童生徒については，従来この区分があまり重視されない傾向があったが，今回の改訂により重要性を増した。
　「(1)生活のリズムや生活習慣の形成に関すること。」は，健康状態を維持したり改善したりするために必要な，睡眠と覚醒や食事や排泄などの主として

時間的な規則性（＝リズム）に関わること，更に，生活を整えるための習慣，つまり食事や排泄などの全般的な内容や，寒暖に応じて着ている衣服を調節することや，様々な病気に感染することを予防するために接触する学校用品等や手指などを清潔に保つことなどを意味している。

「(2)病気の状態の理解と生活管理に関すること。」は，主として病弱者である児童生徒にとって重要なことがらである。自分の病気の名称にとどまらず，症状や健康上の危険など，その状態を正しく理解した上で，その改善を図り，病気の進行防止のために必要な生活様式についての理解を深めていくこと，更には，それらの理解に基づいた生活の自己管理ができるようにすることを意味している。

「(3)身体各部の状態の理解と養護に関すること。」は，いわゆる身体障害に関わることがらである。視覚障害や聴覚障害のある児童生徒の場合，視覚や聴覚の感覚を担う器官の状態を理解し，保有する機能を維持することなどを意味している。肢体不自由のある児童生徒の場合は，理由は様々であるが，身体の一部が欠損したり機能が十分に発揮されなかったりする。そういった場合には，自分の身体各部の神経，筋，骨，皮膚等の状態を理解し，その部位を適切に保護したり，症状の進行を防止したりできるようにすることを意味している。

「(4)障害の特性の理解と生活環境の調整に関すること。」は，自己の障害の特性を理解し，それらによる困難についての理解を深め，その状況に応じて，自己の行動や感情を調整したり，他者に対して主体的に働きかけたりして，より学習や生活をしやすい環境にしていくことを意味している。

障害の特性を理解することについては，心理的な安定や人間関係の形成にも類似の内容が示されているが，ここでは意欲面や集団の中での自己理解よりも，生活環境を調整するための具体的側面に比重がかかっている。

「(5)健康状態の維持・改善に関すること。」は，障害のため，運動量が少なくなったり，体力が低下したりすることを防ぐために，日常生活における適切な健康の自己管理ができるようにすることを意味している。（樋口　一宗）

特別支援学校　自立活動

3 区分⑵　心理的な安定

　自分の気持ちや情緒をコントロールして変化する状況に適切に対応するとともに，障害による学習上又は生活上の困難を主体的に改善・克服する意欲の向上を図り，自己のよさに気付く観点から以下の内容を示している。この区分に示されているのは，心理面に関する内容であるが，実際に指導する場合は心理的な不安定さを生じさせる原因に対する指導を組み合わせることが一般的であると考えられる。
⑴情緒の安定に関すること。
⑵状況の理解と変化への対応に関すること。
⑶障害による学習上又は生活上の困難を改善・克服する意欲に関すること。
　「⑴情緒の安定に関すること。」は，障害があることによって情緒の安定を図ることが困難な児童生徒が，情緒を安定させて生活できるようにすることを意味している。例えば，生活環境などが要因となり，心理的に緊張したり不安になったりすることがある。その場合は生活環境として，生活のリズムや気温，気圧，家庭生活や人間関係などの中から要因を明らかにし，落ち着いて穏やかな気持ちでいられるような指導をするとともに，必要に応じて生活環境そのものの改善を図ることも大切になる。障害のある児童生徒は，過去の失敗経験等により不安を感じたり，自信を失ったりすることが多い。その結果として無力感に捉えられてしまうこともある。そのような場合には，機会を捉えて本人のよさに気付くことができるようにしたり，成功体験を積み重ねて自信がもてるように励ましたりして活動への意欲をもてるようにしていく。
　「⑵状況の理解と変化への対応に関すること。」は，場所や場面の状況がう

まく理解できないために、不安を感じて活動に参加できなかったり、適切な対応ができなかったりする児童生徒に対して適切な行動の仕方を身に付けるように指導する内容である。

学校での生活は、日常生活と比較すると変化が著しい場であり、常に場所や場面が変化している。そういった場合に生じる心理的な抵抗を軽くするには、信頼関係ができている教師が共に行動することで安心感を与えながら徐々に慣れていくことができるようにする。その際、場所や場面の状況を理解するための方法を指導する。また、状況が変化した場合に、その状況に応じた適切な対応の仕方は場面ごとに異なる。障害のある子供は、ある状況で学んだ適切な対応方法を、別の場面にも適応することが苦手な場合がある。できる限り体験を積み、実践につなげることができるように指導する必要がある。

「(3)障害による学習上又は生活上の困難を改善・克服する意欲に関すること。」は、主体的に障害による学習上又は生活上の困難を改善・克服しようとする意欲の向上を図ることを意味している。

障害による学習上又は生活上の困難は、様々な場面で児童生徒に降りかかる。そのため適切な支援や配慮のない状況を経験すると、「自分にはその状況を改善することができない」という心情になることは自然な成り行きである。そういった心理状態の児童生徒が主体的に困難を改善・克服しようという意欲を向上させることは自立活動の成否を左右するといえる。

将来に向けてのイメージが明確でない児童生徒に対して、生きがいを感じるような活動を用意したり、自分にもできるという経験を積んだりすることも意欲の向上につながる。

「1　健康の保持」の「(4)障害の特性の理解と生活環境の調整に関すること。」と重なる部分もあるが、こちらは障害のある児童生徒が、主体的に障害による困難を乗り越えようとする心理的な面、つまり意欲を高めることに対する働きかけを重視している点が異なる。

（樋口　一宗）

特別支援学校　自立活動

4 区分(3)　人間関係の形成

　自他の理解を深め，対人関係を円滑にし，集団参加の基盤を培う観点から以下の内容を示している。なお，区分名にある通り，この項目に含まれるのは，あくまでも集団の中における自己であり，集団との相互関係における自己理解や自己の行動の調整などを意味していると捉えると分かりやすい。
(1)他者とのかかわりの基礎に関すること。
(2)他者の意図や感情の理解に関すること。
(3)自己の理解と行動の調整に関すること。
(4)集団への参加の基礎に関すること。

　「(1)他者とのかかわりの基礎に関すること。」は，人に対する基本的な信頼感をもち，他者からの働きかけを受け止め，それに応ずることができるようにすることを意味している。人に対する基本的な信頼感とは，乳幼児期の愛着形成から，一般的な意味での他者に対する信頼感までの幅広い信頼関係を指している。したがって他者からの働きかけの受け止めと対応もまた幅広い人間関係を含むものである。

　例えば，愛着形成は母子関係を基礎とするものだが，障害がある場合，周囲の人に対する信頼関係の芽生えが大きく遅れることがある。情緒の発達段階に合わせて他者とのかかわりを適切に設定することが大切である。

　「(2)他者の意図や感情の理解に関すること。」は，他者の意図や感情を理解し，場に応じた適切な行動をとることができるようにすることを意味している。障害のある児童生徒が他者の意図や感情を理解できない場合，様々な原因が考えられる。例えば感覚の障害であったり，情報処理の段階での障害であったりする。あるいは感情と表情との関係が偏っている場合もある。いず

れにしても，他者の意図や感情を理解しなければ適切な対応もできないわけであるから，理解するための様々な方法と適切に反応することを対応させて指導していく必要がある。なお，他者が抱く複雑な感情を，障害のために理解できないこともある。そういった場合は，一般的に望ましいとされる行動様式を身に付けるなどの指導が社会生活上は必要となるだろう。これらの内容は，「6　コミュニケーション」の区分と関連させて指導することが自然である。

「(3)自己の理解と行動の調整に関すること。」は，自分の得意なことや不得意なことを含んだ自分の行動の特徴，つまり自己を全体的にあるがままに理解し，それらを理解した上で，集団の中で状況に応じた行動ができるようになることを意味している。

障害のある児童生徒が集団の中で共に生活する場合，自己肯定感が低下することがあるが，そういった場合「なぜできないのか。どうすればできるようになるのか」と自らに問いかけながら解決していくための方法を知ることが大切である。もちろん，できるようになる方策の中には，周囲に適切な援助を依頼することも含まれる。一方，集団を意識することなく自分本位な自己理解をしている場合は，他者の意思理解と併せてこの内容を指導していく必要がある。

「(4)集団への参加の基礎に関すること。」は，集団の雰囲気に合わせたり，集団に参加するための手順やきまりを理解したりして，遊びや集団活動などに積極的に参加できるようになることを意味している。集団の雰囲気や，明確に示されていない集団のルールを理解することは，本来，非常に難しいことであるが，「同調圧力が高い」と言われる我が国においては非常に重視されることが多い。将来の社会参加を考えれば，こういった面に関しての一定の知識や，分からない場合の解決の仕方については，学校で必要最低限のことを身に付けておく必要があり，具体的な場面を想定しながら指導していくことが大切である。

（樋口　一宗）

特別支援学校　自立活動

5 区分(4)　環境の把握

　感覚を有効に活用し，空間や時間などの概念を手掛かりとして，周囲の状況を把握したり，環境と自己との関係を理解したりして，的確に判断し，行動できるようにする観点から以下の内容を示している。
(1)保有する感覚の活用に関すること。
(2)感覚や認知の特性についての理解と対応に関すること。
(3)感覚の補助及び代行手段の活用に関すること。
(4)感覚を総合的に活用した周囲の状況についての把握と状況に応じた行動に関すること。
(5)認知や行動の手掛かりとなる概念の形成に関すること。

　「(1)保有する感覚の活用に関すること。」は，現在保有している視覚，聴覚，触覚，嗅覚，味覚などの感覚器を通じて把握される感覚や，固有覚，前庭覚などの身体内部の特定の感覚のみではなく，筋肉や関節，いくつかの感覚器官などを総合的に働かせて受容する感覚などを十分に活用できるようにすることを意味している。

　感覚の障害があっても，現在保有する感覚を十分に使えるようにしたり，あるいは伸ばしたりすることに関わっている。

　「(2)感覚や認知の特性についての理解と対応に関すること。」は，障害のある児童生徒一人一人の感覚や認知の特性を踏まえ，自分に入ってくる情報を適切に処理できるようにするとともに，特に自己の感覚の過敏さや認知の偏りなどの特性について理解し，適切に対応できるようにすることを意味している。

　感覚器を通して受け止められる様々な情報は，脳に伝えられて情報処理さ

れることになる。障害があることにより，この過程で特徴的に過敏さや鈍さ，偏りなどが発生する。そういった場合には，これらを自己の特性として理解し，その適切な対応方法を身に付けていく必要がある。その特性の多くは，障害のない人たちにとっては容易に理解できないものである。したがってこの指導においては，自己の特性を理解することと同時に，それを周囲の障害のない人たちに説明できることも想定して指導していく必要がある。

「(3)感覚の補助及び代行手段の活用に関すること。」は，保有する感覚を用いて状況を把握しやすくするよう各種の補助機器を活用できるようにしたり，他の感覚や機器での代行が的確にできるようにしたりすることを意味している。特に感覚を補助するための機器は，従来の方法に加えてICTや新たなテクノロジー開発が進んでおり，指導者は最新情報をつかんでおく必要がある。

「(4)感覚を総合的に活用した周囲の状況についての把握と状況に応じた行動に関すること。」は，(2)で述べた保有するいろいろな感覚器官からの情報や，(3)で述べた補助及び代行手段によって把握した情報などを総合的に活用することで，情報を収集したり，環境の状況を把握したりして，的確な判断や行動ができるようにすることを意味している。使えるものは全てうまく活用して生きていく力を身に付けていくための指導といえるだろう。

「(5)認知や行動の手掛かりとなる概念の形成に関すること。」は，ものの機能や属性，形，色，音が変化する様子，空間・時間等の概念の形成を図ることによって，それを認知や行動の手掛かりとして活用できるようにすることを意味している。

認知とは脳内で行われる情報処理の過程であり，行動とは外界に表出した活動のことである。人がこれらを進めていくためには，物事を捉える一定の枠組みが必要となり，それは経験によって身に付いていく。そういった概念の形成に関することを扱うのがこの項目である。概念には様々なものがあるが，それらを系統立て，障害に応じて無理なく児童生徒が理解できるように指導していくことが必要である。

（樋口　一宗）

特別支援学校　自立活動

6 区分⑸　身体の動き

　日常生活や作業に必要な基本動作を習得し，生活の中で適切な身体の動きができるようにする観点から以下の内容を示している。
⑴姿勢と運動・動作の基本的技能に関すること。
⑵姿勢保持と運動・動作の補助的手段の活用に関すること。
⑶日常生活に必要な基本動作に関すること。
⑷身体の移動能力に関すること。
⑸作業に必要な動作と円滑な遂行に関すること。
　「⑴姿勢と運動・動作の基本的技能に関すること。」は，日常生活に必要な動作の基本となる姿勢保持や上肢・下肢の運動・動作の改善及び習得，関節の拘縮や変形の予防，筋力の維持・強化を図ることなどの基本的技能に関することを意味している。この表現を読むと，肢体不自由のある児童生徒限定の指導内容のように受け止められやすいが，例えば視覚障害があると，見て真似ることによって動作を習得することが難しくなる場合がある。そういった動作の習得に関わる内容も含まれる。また，様々な姿勢を保持すること，必要に応じて姿勢を変えることなどが含まれている。注意の持続が困難な児童に姿勢保持のための指導をすると，持続時間が伸びるなどの指導が考えられる。
　「⑵姿勢保持と運動・動作の補助的手段の活用に関すること。」は，姿勢の保持や各種の運動・動作が困難な場合，様々な補助用具等の補助的手段を活用してこれらができるようにすることを意味している。補助的手段には，座位を安定させるための椅子や，歩行器，車いすなど，様々なものがある。
　「⑶日常生活に必要な基本動作に関すること。」は，食事，排泄，衣服の着

脱，洗面，入浴などの身辺処理及び書字，描画等の学習のための動作などの基本動作を身に付けることができるようにすることを意味している。人が活動する上で最も基本となる動作を身に付けた上で，これらの動作が習得されていくと考えられる。身辺処理，学習のための動作には様々なレベルがあるので，この項目も幅広く捉えて指導内容を構成する要素としていきたい。

「(4)身体の移動能力に関すること。」は，自力での身体移動や歩行，歩行器や車いすによる移動など，日常生活に必要な移動能力の向上を図ることを意味している。移動とは，自分で自分の身体を動かし，目的の場所まで行くことで，興味や関心を広げる上でも重要な手段であり，自立するために必要な動作の一つである。一般に，首のすわりから始まって，寝返りから座位へと続く，いわゆる初期の運動・動作の発達の到達点が歩行である。

ここで注目しておきたいのは，この項目には，単なる身体の能力にとどまらず，社会的な状況において移動する場合に必要な知識や，他者への援助依頼などが含まれるという点である。

「(5)作業に必要な動作と円滑な遂行に関すること。」は，作業に必要な基本動作を習得し，その巧緻性や持続性の向上を図るとともに，作業を円滑に遂行する能力を高めることを意味している。作業という言葉は，一般的には仕事と同義で用いられることが多いが，ここでは，身体を使った一連の活動を指している。したがって，販売するための製作活動も作業の一種であるが，定規を使って線を引くことも作業に含まれることになる。

ところで近年，極端な不器用さを有する発達性協調運動障害という障害が知られるようになってきたが，今のところ特別支援教育の対象としては明示されていない。この項目がこれらの児童生徒の困難を改善することにつながるのではないかと期待している。

（樋口　一宗）

特別支援学校　自立活動

7 区分(6) コミュニケーション

　場や相手に応じて，コミュニケーションを円滑に行うことができるようにする観点から以下の内容を示している。
(1)コミュニケーションの基礎的能力に関すること。
(2)言語の受容と表出に関すること。
(3)言語の形成と活用に関すること。
(4)コミュニケーション手段の選択と活用に関すること。
(5)状況に応じたコミュニケーションに関すること。

　「3　人間関係の形成」と重なる部分もあるが，この区分は，あくまでも対人相互の意思交換に関わる内容に限定されている。

　「(1)コミュニケーションの基礎的能力に関すること。」は，児童生徒の障害の種類や程度，興味・関心等に応じて，表情や身振り，各種の機器などを用いて意思のやりとりが行えるようにするなど，コミュニケーションに必要な基礎的な能力を身に付けることを意味している。何をもって「基礎的」とするかには様々な考え方があるが，年齢や発達段階，障害の状態等に応じて柔軟に幅広く捉える必要があるだろう。

　「(2)言語の受容と表出に関すること。」は，話し言葉や各種の文字・記号等を用いて，相手の意図を受け止めたり，自分の考えを伝えたりするなど，言語を受容し表出することができるようにすることを意味している。

　この項目には，手話などの言語の利用に関する内容も含まれる。また，言語を使用する場合には，必ずそれを使用するに際しての意図や，使うための状況が付随する。したがって，この項目を単独で扱う場合もあるかもしれないが，言語の受容と表出について指導する場面では，「それを何のために用

※本文の執筆に当たっては，解説を基に筆者による説明を加えた。したがって細部においては解説と異なる表現が使われている場合がある。なお，説明部分には筆者による独自の解釈が含まれている。

いるのか」という視点は欠かせない。

　「(3)言語の形成と活用に関すること。」は，コミュニケーションを通して，事物や現象，自己の行動等に対応した言語の概念の形成を図り，体系的な言語を身に付けることができるようにすることを意味している。いったん獲得された言語を，より機能的に使用していくことができるように磨きをかけていく過程にかかわる内容と捉えればよいだろう。

　「(4)コミュニケーション手段の選択と活用に関すること。」は，話し言葉や各種の文字・記号，機器等のコミュニケーション手段を適切に選択・活用し，他者とのコミュニケーションが円滑にできるようにすることを意味している。

　コミュニケーションのための手段は文字言語，音声言語だけでなく，サイン言語などもある。また非言語的コミュニケーションを用いて意思交換することもできる。実際のコミュニケーションにおいては，特定の方法に限定せず，状況に応じて適切に選択して，最も効率よいコミュニケーションができるようになることが大切である。特に近年は様々な機器等が開発されており，それらを組み合わせて使うことで従来は予想もできなかったようなコミュニケーションが可能になってきている。それらを知るだけでなく，実際に使用し，更にその使用に熟練することが大切である。

　「(5)状況に応じたコミュニケーションに関すること。」は，コミュニケーションを円滑に行うためには，伝えようとする側と受け取る側との人間関係や，そのときの状況を的確に把握することが重要であることから，場や相手の状況に応じて，主体的にコミュニケーションを展開できるようにすることを意味している。

　この項目が示しているのは，児童生徒がそのコミュニケーション力を十分に発揮した姿である。様々な状況を的確に理解して応じるためには，総合的な対人関係技能と様々なコミュニケーション技能が必要となる。単独の技能習得のみにとどまらず，発達段階に応じて，状況に適したコミュニケーションができるように指導していきたいものである。

　　　　　　　　　　　　　　　　　　　　　　　　　　（樋口　一宗）

知的障害特別支援学校　各教科等

8 国語

1 改訂の要点

　内容の構成は，従前，「聞く・話す」，「書く」，「読む」の３領域で構成していたが，小・中学校の国語と同様に「知識及び技能」及び「思考力，判断力，表現力等」で構成された。また，「知識及び技能」，「思考力，判断力，表現力等」の内容は，小・中学校の国語の項立てとの共通性をもたせ，国語の獲得に関する発達の状況や学習過程に沿って，系統的に充実して示され，各部，各段階，幼稚園や小・中学校とのつながりが明確になった。特別支援学級の教育課程編成において参考になるだけでなく，通常の学級に在籍する特別な教育的ニーズのある生徒の学びと成長を支えるうえで共通性が大いに役立つであろう。

2 各段階の目標及び内容

①教科の目標

　従前の目標の「日常生活に必要な国語についての理解を深め，伝え合う力を高めるとともに，それらを活用する能力と態度を育てる」が

> 　言葉による見方・考え方を働かせ，言語活動を通して，国語で理解し表現する資質・能力を次のとおり育成することを目指す。
> 　(1)　日常生活や社会生活に必要な国語について，その特質を理解し適切に使うことができるようにする。
> 　(2)　日常生活や社会生活における人との関わりの中で伝え合う力を高

め，思考力や想像力を養う。
　(3)　言葉がもつよさに気付くとともに，言語感覚を養い，国語を大切にしてその能力の向上を図る態度を養う。

に改められた。

② 1段階の目標と内容

　1段階の生徒は，「身近な事物や人だけでなく，地域や社会における事物や人との関わり」が増える中で，「様々な言葉に触れ」，「言葉には，事物の内容を表わす働きや，経験したことを伝える働きがあることに気付いたり，知っている言葉や新たに獲得した言葉の使い方に気を付けることで，様々な事象や気持ちに関して多くの相手と伝え合うことができるようになることに気付いたりする段階」である。国語では，「生徒の生活の広がりに伴う事物や人との関わりの中で，言葉で様々な情報を得たり人の思いや考えに触れたりする経験や自分の思いや考えをまとめたり相手に分かりやすく伝えたりする経験を積み重ねることを通して，日常生活や社会生活に必要な国語を身に付ける」ことが求められる。言葉を用いた関わりを通して自分の考えが広がったり，深まったりしたことに気付かせるうえで，学びの過程を振り返る指導の工夫が重要である。

③ 2段階の目標と内容

　2段階の生徒は「地域や社会における事物や人との関わりを広げ，繰り返しながら，様々な言葉に触れることで，言葉には，考えたことや思ったことを表す働きがあることに気付いたり，相手や目的に応じて工夫をしながら伝え合おうとしたりする段階」である。国語では，「事物や人との関わりの中で，言葉を用いて伝えたいことを明確にして伝えたり，対話の経験を積み重ねたりすることを通して，高等部での職業教育などを意識しながら，将来の職業生活に必要な国語を身に付ける」ことが求められる。2段階では効果的な表現方法について検討することや相手を尊重して，事柄や考え，気持ちを共有する指導の工夫が重要である。

　　　　　　　　　　　　　　　　　　　　　　　　　　（樋口普美子）

知的障害特別支援学校　各教科等

9 社会

1 - 目標（何ができるようになるか）

　今回の改訂においては，小・中学校の学習指導用要領に合わせ，「社会的な見方・考え方」という表現が入った。社会においては，この社会的な見方・考え方を働かせ，三つの資質・能力を育成する学習の中で，この見方・考え方を鍛え，深めていくことを求めている。そのため，育成すべき資質・能力を「(1)知識及び技能」「(2)思考力，判断力，表現力等」「(3)学びに向かう力，人間性等」の三つの柱に整理して示している。また，生徒が，社会との関わりを意識し，具体的な活動や体験を通して，地域社会の一員として生きていくために，目標を「社会生活に必要な基礎的な能力と態度」から，「自立し生活を豊かにするとともに，平和で民主的な国家及び社会の形成者に必要な公民としての資質・能力」と改めた。

2 - 内容（何を学ぶか）

　今回の改訂においては，内容は，五つの観点から，より具体的な内容を設定できるように六つの観点に再構成された。また，1段階は小学部生活とのつながり，2段階は高等部社会への連続性を考慮して設定してある。今回の六つの観点とその変更理由をまとめると次の表のようになる。

前回の5観点	変更理由	今回の6観点
集団生活ときまり	集団社会のルール等を学ぶことによって自立と社会参加を目指す観点を明確にした。	社会参加ときまり

公共施設	公共施設や公共物だけを示すのでなく、そこで提供される行政サービス等も含めた小学部生活の「社会の仕組みと公共施設」とのつながりを踏まえた。	公共施設と制度
社会の出来事	小学部生活の「手伝い・仕事」を発展させ、生産や販売、消費生活等も含めた。	産業と生活
地域の様子や社会の変化	身近な地域の地理的環境、歴史、伝統や文化に触れ、地域社会の一員としての自覚を養うために。	我が国の地理や歴史
外国の様子	従前どおり。	外国の様子
	新たに加えた観点。	地域の安全

また、新学習指導要領の内容を読み解くときには、例えば下の表のように、観点ごとに第1段階と第2段階を表にしてまとめることをお勧めする。比較して読むことで、各段階で求めている内容がより理解しやすくなる。

観点	1段階	2段階
ウ 地域の安全	(ア) 地域の安全に関わる学習活動を通して、次の事項を身に付けることができるよう指導する。 ㋐ 地域の安全を守るため、関係機関が地域の人々と協力していることが分かること。 ㋑ 地域における災害や事故に対する施設・設備などの配置、緊急時への備えや対応などに着目して、関係機関や地域の人々の諸活動を捉え、そこに関わる人々の働きを考え、表現すること。	(ア) 地域の安全に関わる学習活動を通して、次の事項を身に付けることができるよう指導する。 ㋐ 地域の関係機関や人々は、過去に発生した地域の自然災害や事故に対し、様々な協力をして対処してきたことや、今後想定される災害に対し、様々な備えをしていることを理解すること。 ㋑ 過去に発生した地域の自然災害や事故、関係機関の協力などに着目して、危険から人々を守る活動と働きを考え、表現すること。

更に、解説には実に詳しい説明が記載されているので、ぜひ参考にしたい。今回、新設された「地域の安全」を例にすると、同じ「地域」でも1段階では、自分の住んでいる市区町村までの範囲だが、2段階では、自分の住んでいる都道府県までを範囲としており、学習の広がりが意図されていることが分かる。更に、他の観点の内容においても、「例えば」や「実際の指導に当たっては」という表現で、指導内容を具体的に例示しているので、この言葉にマーカーを引いて読めば、内容を、具体的事例に照らして理解するのに役立つと思われる。

(上杉　忠司)

知的障害特別支援学校　各教科等

10 数学

1— 数学の目標及び内容に関する枠組み

　従前の「実務」における内容のうち，金銭に関することは，中学部の内容として示されておらず，小学部の2段階・3段階「A数と計算」の中で，金銭の価値に親しむことを取り扱う。時計に関することは，時計の仕組みや日時，分に関することを小学部3段階に移行し，新たに，時間の単位（秒）を知ること，時刻や時間を求めることを，中学部1段階の「C測定」に示している。

1段階	「A数と計算」	「B図形」	「C測定」	「Dデータの活用」
2段階	「A数と計算」	「B図形」	「C変化と関係」	「Dデータの活用」

2— 数学における内容配列

　中学部数学では，小学部算数や小学校算数との連続性や関連性を重視し，内容の系統性を見直し，全体的に整理している。特別支援学校小学部・中学部の内容を概観すると，下表のようになる。

小学部 1段階				小学部 2段階				小学部 3段階				中学部 1段階				中学部 2段階				
A数量の基礎	B数と計算	C図形	D測定	A数と計算	B図形	C測定	Dデータの活用	A数と計算	B図形	C測定	Dデータの活用	A数と計算	B図形	C測定	Dデータの活用	A数と計算	B図形	C変化と関係	Dデータの活用	
●	●	●	●	●	●	●	●	●												特別支援学校のみに示す内容
					●			●	●	●		●								第1学年に関連
										●		●	●	●	●	●				第2学年に関連
																●	●	●	●	第3学年に関連
																	●	●	●	第4学年に関連
																				第5学年に関連
																				第6学年に関連

3 - 各段階における内容

(1) 1段階における内容

1段階では，①整数の表し方（A数と計算，ア），②整数の加法及び減法（同，イ），③整数の乗法（同，ウ），④図形（B図形，ア），⑤量の単位と測定（C測定，ア），⑥時刻や時間（同，イ），⑦身の回りにあるデータを簡単な表やグラフで表したり，読み取ったりすること（Dデータの活用，ア）について指導する。

(2) 2段階における内容

2段階では，⑧整数の表し方（A数と計算，ア），⑨整数の加法及び減法（同，イ），⑩整数の乗法（同，ウ），⑪整数の除法（同，エ），⑫小数の表し方（同，オ），⑬分数の表し方（同，カ），⑭数量の関係を表す式（同，キ），⑮図形（B図形，ア），⑯面積（同，イ），⑰角の大きさ（同，ウ），⑱伴って変わる二つの数量（C変化と関係，ア），⑲二つの数量の関係（同，イ），⑳データを表やグラフで表したり，読み取ったりすること（Dデータの活用，ア）について指導する。

(3) 小学校算数との連続性や関連性

上述の①〜⑳に関連する記述が，小学校学習指導要領にある。下表にその連続性や関連性を示した。

中学部																					特別支援学校の内容
1段階								2段階													
A			B	C		D	A							B		C		D	
①	②	③	④	⑤	⑥	⑦	⑧	⑨	⑩	⑪	⑫	⑬	⑭	⑮	⑯	⑰	⑱	⑲	⑳	
●																				第1学年に関連
●	●	●	●	●	●		●	●	●		●									第2学年に関連
				●	●		●	●	●	●	●	●	●	●	●				●	第3学年に関連
													●	●	●	●	●	●		第4学年に関連

（髙橋　玲）

知的障害特別支援学校　各教科等

11 理科

1 - 理科の改訂の要点

①目標の改訂の要点

中学部の理科では，小学部における生活の目標や内容との関連を考慮し，生徒の日常生活に関係の深い自然の仕組みや働き，事物や事象を対象として内容を示してきたところである。

今回の改訂においては，目標について，「知識及び技能」，「思考力，判断力，表現力等」，「学びに向かう力，人間性等」の三つの柱で整理して示した。

> 自然に親しみ，理科の見方・考え方を働かせ，見通しをもって，観察，実験を行うことなどを通して，自然の事物・現象についての問題を科学的に解決するために必要な資質・能力を次のとおり育成することを目指す。
> (1) 自然の事物・現象についての基本的な理解を図り，観察，実験などに関する初歩的な技能を身に付けるようにする。
> (2) 観察，実験などを行い，疑問をもつ力と予想や仮説を立てる力を養う。
> (3) 自然を愛する心情を養うとともに，学んだことを主体的に日常生活や社会生活などに生かそうとする態度を養う。

②内容の改訂の要点

内容の区分は，特別支援学校がこれまで実践を積み重ねてきた理科の内容について整理し，さらに学びの連続性の観点を踏まえ，「生命」，「地球・自

然」,「物質・エネルギー」の三つの区分に整理した。

　各区分の内容として,「生命」は,身の回りの生物や人の体のつくりと運動,動物の活動や植物の成長と環境との関わりについてである。「地球・自然」は,太陽と地面の様子や雨水の行方と地面の様子,気象現象,月や星についてである。「物質・エネルギー」は,物の性質,風やゴムの力の働き,光や音の性質,磁石の性質,電気の回路,水や空気の性質についてである。

　内容は,(ア)知識及び技能,(イ)思考力,判断力,表現力等の柱から示している。

2 各段階の目標及び内容

　1段階は小学部生活とのつながりを,2段階は高等部理科への連続性を考慮して設定されている。また,各段階の目標は,生徒の発達の段階等を踏まえ,教科の目標を実現していくための具体的な指導の目標として,三つの柱から示している。

3 指導計画の作成と内容の取扱いの要点

　「指導計画の作成と内容の取扱い」を新たに設け,「指導計画作成上の配慮事項」,「内容の取扱いについての配慮事項」,「事故防止,薬品などの管理」によって構成した。

　「指導計画作成上の配慮事項」では,特に小学校生活及び理科や特別支援学校小学部生活の学習を踏まえ,系統的・発展的に指導するとともに,各教科等との関連を図り,指導の効果を高めるようにするだけでなく,学習の見通しや学習の振り返りの時間の設定や情報量の調整の必要性などを示している。「内容の取扱いについての配慮事項」については,自然に親しむ活動や体験的な活動を多く取り入れることや,生命を尊重し,身の回りの自然環境の保全に寄与する態度を養うことなど,理科の目標の達成に向けて,実施する際の配慮事項を示している。「事故防止,薬品などの管理」では,観察,実験などの指導に当たっての安全管理を示している。

（細谷　忠司）

知的障害特別支援学校　各教科等

12 音楽

1 – 音楽の目標の改訂について

　今回の改訂において，音楽の目標は育成を目指す資質・能力として，以下の三つの柱が示された。

　「知識及び技能」の習得として，「曲名や曲想と音楽の構造などとの関わりについて理解するとともに，表したい音楽表現をするために必要な技能を身に付けるようにする。」と示された。また，「思考力，判断力，表現力等」の育成として，「音楽表現を考えることや，曲や演奏のよさなどを見いだしながら，音や音楽を味わって聴くことができるようにする。」と示された。さらに，「学びに向かう力，人間性等」の涵養として，「進んで音や音楽に関わり，協働して音楽活動をする楽しさを感じながら，様々な音楽に触れるとともに，音楽経験を生かして，生活を明るく潤いのあるものにしようとする態度を養う。」と示された。

　従前の中学部の目標は１段階で示されていたが，今回の改訂により，学年の目標が２段階で示され，生徒の発達を踏まえた各段階の目標の設定が明確になされた。

　目標の改訂においては，音楽として育成を目指す資質・能力を「表現及び鑑賞の活動を通して，音楽的な見方・考え方を働かせ，生活や社会の中の音や音楽，音楽文化と豊かに興味や関心をもって関わる資質・能力」と規定し，前述の三つの柱で整理することにより，多様な音楽活動を通して，「何を学ぶのか」「どのように学ぶのか」「何を目指すのか」教科としての音楽を学ぶ意味が一層明確に示されている。

2 - 指導内容について

　従前の特別支援学校学習指導要領中学部の音楽の内容構成は，4分野(「歌唱」,「器楽」,「身体表現」,「鑑賞」)で示されてきた。今回の改訂では,「A表現」(「歌唱」,「器楽」,「身体表現」,「音楽づくり」)の4分野,「B鑑賞」の二つの領域及び［共通事項］で構成され,「A表現」の中に「音楽づくり」が新設された。表現領域及び鑑賞領域とも三つの柱で各事項が示され,指導する内容が具体的に示された。この内容は,中学校音楽の内容との連続性・関連性を踏まえて改訂されており,生徒が中学部段階の目標を達成しているなどの必要性がある場合には,中学校の目標や内容を参考に指導することができるように柔軟性をもった取り扱いができる。

　新設された「音楽づくり」においては,次のように示された。どのように音楽をつくるのかを自分で考え,主体的に思いや意図をもてるように指導することが大切である。また,いろいろな音の響きの特徴やリズム・パターンや短い旋律のつなげ方の特徴に気付かせることや,発想を生かした表現をするために,音を選択したり組み合わせたりして表現する技能や,音楽の仕組みを生かして簡単な音楽を即興的につくる技能を,教師や友達と試行錯誤しながら習得できるようにすることが重要である。

　内容の取扱いにおいて,特に歌唱の共通教材については,小学校,中学校の共通教材と同じ曲が設定されている。生徒の実態を考慮しながら,各段階で1曲以上選択して扱い,交流,共同学習,地域等の行事に参加する場合等,様々な学習場面で活用していただきたい。

　実際の指導場面においては従前のとおり個々の生徒の障害の状態や発達段階等に応じて,教師が適切な目標を立て,柔軟に対応していくことが大切である。解説において,改訂の要点や新設された内容の具体的な例示が多く示された。例示を参考に,教師が個々の生徒の目標を達成するための適切な指導内容を選択することが重要である。

(山本久美子)

知的障害特別支援学校　各教科等

13 美術

1 — 目標の改訂の要点

・教科の目標について

　目標に「表現及び鑑賞の活動を通して，造形的な見方・考え方を働かせ，生活や社会の中の美術や美術文化と豊かに関わる資質・能力を次のとおり育成することを目指す。」と示し，美術は何を学ぶ教科なのかを明確にするとともに，育成を目指す資質・能力を次の三つの柱から整理して示している。(1)「造形的な視点について理解し，表したいことに合わせて材料や用具を使い，表し方を工夫する技能を身に付けるようにする。」（知識及び技能）(2)「造形的なよさや面白さ，美しさ，表したいことや表し方などについて考え，経験したことや材料などを基に，発想し構想するとともに，造形や作品などを鑑賞し，自分の見方や感じ方を深めることができるようにする。」（思考力，判断力，表現力等）(3)「創造活動の喜びを味わい，美術を愛好する心情を育み，感性を豊かにし，心豊かな生活を営む態度を養い，豊かな情操を培う。」（学びに向かう力，人間性等）

2 — 内容の改訂の要点

　内容は「A表現」及び「B鑑賞」の２領域と〔共通事項〕の内容構成に改めている。「A表現」は，生徒が進んで形や色彩，材料などに関わりながら，つくったり表したりする活動を通して，「知識及び技能」や「思考力，判断力，表現力等」の育成を目指す。「B鑑賞」は，生徒が自分の感覚や体験などを基に，自分たちの作品や美術作品などを見たり，自分の見方や感じ方を

広げたりする鑑賞活動を通して,「思考力,判断力,表現力等」の育成を目指す。〔共通事項〕は表現及び鑑賞の活動の中で,共通に必要となる資質・能力であり「知識」や「思考力,判断力,表現力等」の育成を目指すものである。

3 - 各段階の目標と内容の重層構造

・「各段階の目標」

　教科の目標を受けて生徒の実態に応じた二つの段階の目標が設定されている。各段階にも教科の目標と同じく三つの柱で構成された目標がある。教科の目標(1)(2)(3)は各段階の目標ア,イ,ウに対応している。

・「各段階の内容」

　各段階の目標を受け,その目標を目指した活動内容と指導内容である。「A表現」の(ア)は「思考力,判断力,表現力等」(イ)は「知識及び技能」の「技能」,「B鑑賞」の(ア)(イ)の項目はともに「思考力,判断力,表現力等」,〔共通事項〕の(ア)は「知識及び技能」の「知識」(イ)は「思考力,判断力,表現力等」について示している。

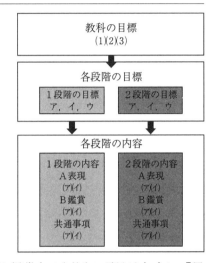

4 - 指導計画の作成と内容の取扱いの要点

　指導計画の作成の配慮点として,生徒の「主体的・対話的で深い学び」の視点からの授業改善を図ることや,社会に開かれた教育課程の実現を図る観点から,生徒や学校の実態に応じて,地域の美術館を利用したり連携を図ったりすることなどを示している。内容の取扱いについては,材料や用具の安全な使い方や学習活動に伴う事故防止の徹底,映像メディアの活用,校外に生徒の作品を展示する機会を設けることを示している。　　（三上　宗佑）

知的障害特別支援学校　各教科等

14 保健体育

1 -「保健体育」としての目標の示し方について

　今回の改訂において，教科の目標を達成するために，以下の三つの柱から育成するように示されている。

> 知識及び技能―各種の運動の特性に応じた技能等及び自分の生活における健康・安全について理解するとともに，基本的な技能を身に付けるようにする。
> 思考力，判断力，表現力等―各種の運動や健康・安全についての自分の課題を見付け，その解決に向けて自ら思考し判断するとともに，他者に伝える力を養う。
> 学びに向かう力，人間性等―生涯にわたって運動に親しむことや，健康の保持増進と体力の向上を目指し，明るく豊かな生活を営む態度を養う。

　さらに，従前の中学部の目標は１段階で示されていたが，新たに第２段階が新設され，よりきめ細かい評価を実施できるように変更されている。また，各段階において育成を目指す資質・能力を明確にするために，段階ごとの目標も設定された。

　「何を学ぶか」「どのように学ぶか」「何ができるようになるか」の３観点から設定されているため，主体的・対話的で深い学びの視点や，これからの時代に必要となる資質・能力の育成を考えながら，指導に当たることが重要になってくる。

2 ―「保健体育」としての内容の示し方について

　これまでの特別支援学校学習指導要領中学部の保健体育の内容では，①いろいろな運動，②きまり，③保健の3観点で示されてきた。今回の改訂では，七つの運動領域と保健領域から内容を示し，指導する内容がより明確に分かりやすく示されている。これにより，中学校保健体育の内容との連続性・関連性を踏まえ，中学部段階の目標を達成しているなどの特に必要性がある場合は，中学校学習指導要領の目標や内容を参考に指導することができるように取扱いに柔軟性をもたせることができる。

3 ― 内容の取扱いについて

　内容については，「体つくり運動」「器械運動」「陸上運動」「水泳運動」「球技」「武道」「ダンス」の七つの運動領域と「保健」の保健領域から構成されている。これまでと違い，「体つくり運動」と「保健」は各学年において指導することと示された。

　新たに内容として示された「武道」は，各学校の施設や生徒の実態等を踏まえ，安全上の配慮を十分に行い，計画的に実施することが求められる。

　また，スキーやスケートなど，自然との関わりが深い運動の指導は，地域性を考え積極的に実施するとされている。

　さらには，オリンピック・パラリンピックを見据え，運動・スポーツを「すること」だけではなく，「知ること」，「見ること」，「応援すること」などの多様な関わり方を取扱うことが求められている。

　実際の指導内容は，従前どおり教師が生徒の実態や発達段階等と照らし合わせながら内容を考えていくことになるが，解説にはこれまでよりも具体的な指導内容の例示が示されている。これは，あくまで例示であるため，指導する教師が例示を参考に内容を考え，目標に沿った内容を的確に設定することが必要となってくる。

（増田　知洋）

知的障害特別支援学校　各教科等

15 職業・家庭

1 — 改訂の要点

　目標及び内容は，「育成を目指す資質・能力」の三つの柱に基づき，小学部及び高等部との「指導の系統性」や，小・中学校との「学びの連続性」を踏まえて改訂された。なお，内容は，職業分野と家庭分野に分けて示された。
　目標の達成に向けて，家庭生活や職業生活に関する内容を実際的・具体的に学ぶことを重視し，各分野の「見方・考え方」を働かせ，既習の知識や技能を活用して，対話や構想，表現などをしながら課題解決を図る経験を積み重ねることが要点となる。また，自分の生活と地域社会とのつながりや，自分が社会に参画し貢献できる存在であることに気付き，よりよい生活や社会の実現に向けて主体的に物事に取り組む態度を養うことが大切である。

2 — 職業分野の内容

　「A職業生活」では，望ましい勤労感や職業観を育み，作業技能，安全や衛生，コミュニケーション等，仕事をするうえで必要となる基礎的な力を育む。加えて，自分のよさを生かしどんな力を伸ばしたらよいかを考えたり，自分の生活を見直したりするなど，具体的に課題を解決する力を育成する。
　「B情報機器の活用」では，コンピュータ等の情報機器，スマートフォンなどの携帯電話，ファクシミリ，コピー機などの使い方について，1段階では初歩的な操作の仕方を知り，2段階では情報機器を活用して調べたり，資料を作成したり，発表したりするなどして，実際の生活で使用できる力を育む。

「C産業現場等における実習」は，生徒が一定期間事業所等での仕事や職業生活を体験する活動である。職場で求められる知識や技能，態度及び将来の職業生活等を知り，日々の学習に生かしたり，自分のよさや適性に気付き，進路選択につなげたりするよう指導することが大切である。

3　家庭分野の目標と内容

　「A家族・家庭生活」では，自分の成長とそれを支える家族の存在を知り，感謝の気持ちを育む。また，家庭内で自分のできる役割を考えて取り組み，役割を果たすことが家族の役に立つことを実感できるよう指導する。「家庭生活における余暇」の指導では，一人で行う余暇や家族との団らん，友達や地域と関わって過ごす余暇など，有益で多様な余暇活動の経験と主体的に余暇を選択する経験を大切にする。「幼児の生活と家族」では，絵本の読み聞かせなどの活動を通して，幼児期の特徴を知り，適切な関わり方を身に付けるよう指導する。「家族や地域の人々との関わり」では，近隣の人々や身近な環境との関わりが，よりよい生活につながることに気付くよう指導を工夫する。

　「B衣食住の生活」では，規則正しい食事や栄養バランスを考えて，自分の食事を見直し改善する力を育む。また，材料や器具，手順を考えて，準備から片付けまで手際よく調理できるよう指導する。「衣服の着用と手入れ」では，活動内容や季節等に応じた衣服の選択，洗濯，身だしなみなどについて指導する。「快適な住まい方」では，窓や換気扇，カーテンなどの適切な使用，施錠や訪問者への対応，災害時の避難など，実際に自立して行動できるように指導する。

　「C消費生活・環境」では，買い物の仕方や物の選び方が分かり，予算を考えて無駄のない買い物ができるよう指導する。また，ごみの分別の仕方やリサイクルの役割を理解し，物を大切に使ったり，無駄なく使い切ったり，再利用したりするなどの工夫を考えられるようにすることが大切である。

（佐藤　圭吾）

知的障害特別支援学校　各教科等

16 外国語

1 - 外国語の改訂の要点

　今回，小学部の教育課程に外国語活動を位置付け，児童の実態により設けることができることとした。また，学部段階で共通して育成すべき資質・能力を明確にしたことで，中学部の外国語では以下の改善が行われた。

①目標構成の改善
○資質・能力の三つの柱「知識及び技能」「思考力，判断力，表現力等」「学びに向かう力，人間性等」に目標を整理した。ただし，知的障害のある生徒の実態や学習の特性等を踏まえ，これらの目標の下に５領域による指標形式の目標は示さず，単元などの指導計画を作成する際に適切に目標を定めるようにした。

②内容構成の改善
○「知識及び技能」「思考力，判断力，表現力等」の２点で内容を整理した。
○「英語の特徴等に関する事項」，「情報を整理し，表現したり，伝え合ったりすることに関する事項」，「言語活動及び言語の働きに関する事項」をそれぞれ位置付けた。
○言語活動については，「聞くこと」「話すこと［発表］」「話すこと［やり取り］」「書くこと」「読むこと」の５領域を設定した。
○内容は，知的障害のある生徒の学習の特性を踏まえ，育成を目指す資質・能力が確実に育まれるよう，生徒が興味・関心のあるものや日常生活及び社会生活と関わりがあるものなどを重視した。

2 外国語活動の目標及び内容

①外国語活動の目標

　中学部の外国語の目標「コミュニケーションを図る素地となる資質・能力」の育成は，高等部の段階における外国語の学習で育む資質・能力の素地を育むことを意図したものである。中学部段階の外国語においては，小学部までの外国語活動の学習経験の有無や既習事項を踏まえながらコミュニケーションを図る素地となる資質・能力を育成するとともに，高等部段階の外国語教育へ円滑に接続され，育成を目指す資質・能力を生徒が身に付けることができるよう工夫する必要があるとしている。「外国語の音声や基本的な表現に触れる活動を通して」育成するとは，生徒の障害の状態によっては聞くこと，話すことの言語活動が困難である場合もあるため，外国語や外国の文化に触れることを通して育成するという視点が大切であり，音声によらない言語活動等の工夫が必要だということである。

②内容・言語活動及び言語の働きに関する事項

　実際に英語を用いた場面や状況等における言語活動では，生徒の障害の状態や小学部での学習経験の有無などに応じて，言葉によらないジェスチャー・表情・サインなどを用いてのやり取りも大切である。また，基本的な表現や語句を知識及び技能として教えることに終始しないよう，実際のコミュニケーションや体験的な活動を通して身に付けていくようにすることが重要である。知的障害のある生徒の場合，簡単な表現の練習を十分に行った後に具体的な活動場面で伝え合う活動を行うなど，相手を意識した意味のあるコミュニケーションが図れるように具体的な課題を設定することが大切になる。また，表現する楽しさや伝わる喜びを感じることも大切なコミュニケーションの素地となることから，言語活動を行う際には生徒の実態や経験等を考慮して，生徒がその場面を想定できるようにし，表現しようとする意欲や自信を維持しながら活動を行えるようにすることも大切にしたい。

（日下奈緒美）

4章 これから求められる特別支援教育の実践

通常の学級

1 思ったことをすぐに口に出してしまう生徒への指導

1 - はじめに

　ADHDの対応で注意すべき基本は，活動での集中が難しい，衝動的に行動してしまう，不注意によって失敗してしまう等により低下した自尊感情を支えることである。できる状況をつくり，成功体験を増やし周囲から認められる機会を設け，違いを認め合える学級・学校づくりが必要不可欠となる。

2 - 対象生徒について

　A君は音声チックがあり，授業中声が出てしまう。また，衝動的な行動も多い。学級担任は入学当初，本人・保護者と話し合いクラスの他の生徒に理解を求めた。集中できる環境をつくるために，座席の工夫や，教室内黒板の周囲には掲示物を貼らないなどの配慮をできる範囲で行った。当初は，チックに対して理解を示す生徒も多かったが，他の生徒とのトラブルが多くなった。行動を観察してみると，授業中「うっ」と声を出すこともあるが，それを鼻歌でごまかしたり，「うわー，こんなのわかんない」「なんでこんなことやらなきゃいけないんだよ」などと思ったことを口に出して，常にしゃべっている。また，ペンで机をたたき音を出すこともあった。

　A君の声や音に「黙れ」「うるさい」と周りが反応して学級が落ち着かない様子になった。学級担任，教科担任はチックの症状として独り言を無視するのがよいのか迷い，また生徒からは授業中うるさいという声もあがった。

3 - 指導の工夫

 まず、保護者との面談を学級担任と特別支援教育コーディネーターが再度行い、学校での状況説明とチックに対する対応法を確認した。しかし、「静かにしなさい」と注意すると、A君は「僕だけうるさいわけじゃないのに」と声を出し、周りの生徒も「そうだよ、その声がうるさいんだよ」「だまれ」という言葉の掛け合いが始まってしまう。そのため、A君への気付きの促しにカードを使ったり、アイコンタクトを行ったりするなど教科担任にも協力を得ることにした。

 同時にA君の考えや思っていることを聞くために面談を行った。すると、自分が声や音を出している自覚があまりないことが分かった。また、周囲への不安も強かった。自分の状況を客観的に捉え、把握していくことは今後、配慮を学校に要求していく場合にも、人生の自己決定能力を育成する場合にも重要になる。そこでスクールカウンセラーにA君と定期的に面談をしてもらうようにした。

 次に、活躍の場をつくる工夫をした。走ることは速かったので運動会の全員リレーで2回走り、応援隊長の役割を与えたところ「いけー」「がんばれー」などのほめメッセージを口にすることが増え、授業中のマイナス発言も減ってきた。

4 - 部活動を通じての居場所づくり

 中学校の魅力の一つは学級以外にも居場所をつくれることである。

 A君は運動部と鉄道研究部を兼部している。運動部では週3回思いっきり身体を動かし、鉄道研究部では週1回自分の好きな鉄道についての思いを仲間と語ることができる。特に、鉄道研究部の活動は、対人関係能力や自己肯定感を育てる重要な役割を果たしている。

 ある日、鉄道レポートをつくる課題が出た。手書きだと、文字の配置や構成に時間がかかってしまうA君は、パソコンを使うことで時間内に完成する

ことができた。そして,レポートが校内に掲示されると,それを目にした周りの生徒も「A君のレポートこれでしょう」「すごいね」などと話題も増えた。この経験からパソコンを使えば早く美しくできることを知り,学級で認められることも増え自信がついた。

　情報交換会の中では自然と「ブレインストーミング」の技法を取り入れていた。「他人の好きな電車の悪口を言わない」というルールがあり,相手の話を肯定的に聞こうというルールで,A君にとっては,我慢すること,相手を非難しないことなどの社会性を身に付けるよい機会となった。

　このことは次の鉄道研究旅行でも生かされ,自分たちでつくった小冊子にルールとして明記されていた。笑顔で話をするA君の姿から,趣味や得意なことを通して先輩後輩の異年齢交流を深め,着実に成長している姿がうかがえた。

　また,近隣の大学の鉄道研究同好会を定期的に訪問し,Nゲージの運転会を共催していく中で大学生との交流も生まれた。その中で,同じような傾向のある大学生との関係も構築された。逆に複数の大学生が毎週本校を訪れ,鉄道研究部に参加するようになった。身近なモデルとして,本校生徒の学習面などの相談にものってもらうよい関係が生まれた。

パソコンでA君が作成したレポート

鉄道研究旅行の様子

年齢の枠を越えた「人とのつながり」は着実にA君の成長を促し，コミュニケーション力，自己モニター力，行動の調整力を引き出す結果となった。

5 おわりに

　部活動を通しての「人とのつながり」はA君の居場所や自信を生み出し，そこでソーシャルスキルトレーニングの経験を積み社会性を身に付けていった。友達が増え，ピンチのときに味方をしてくれることも多くなった。

　学級でも同じく「A君はすぐに思ったことを言ってしまうが，いいことも言う」という肯定的な見方に変化して，周りの生徒からも受け入れられることが多くなった。このことにより，学級でも居場所ができていった。

　中学校は教科担任制のため，教員が同じ生徒と授業をするのは少ない。授業での配慮や指導方法は今後の中学校の課題である。しかし，情報を共有する工夫や，安心していられる学級づくり，部活を通して成功体験を増やしお互いを認め合える環境を整えていくことで自己肯定感が育ち楽しい学校生活を送れると考える。

（毛利　亜紀）

> 通常の学級

2 注意集中に困難さのある生徒への指導

1 - はじめに

　本校には，通級指導教室があることから，学区外から本校を選択するケースも多い。通常の学級の中には，配慮の必要な生徒が在籍している。
　本校では，配慮の必要な生徒を，教員間で共通理解して支援するため，「特別支援教育のスタンダード」を作成した。支援の内容は階層式に

第1層　授業のユニバーサルデザイン（UD）化
第2層　合理的配慮の提供
第3層　放課後学習教室や学校サポーターの活用
第4層　通級との連携

となっている。
　また，本校では支援の必要な生徒に対しては，放課後等に支援会議を設定し，具体的な支援計画を立てるようにしている。

特別支援教育のスタンダード概要

2 − 対象生徒について

　A君は，学習面で知的な遅れはないものの，周囲の音を全て拾ってしまうといった聴覚過敏を抱えている。また，注意集中に課題が見られ，切り替えが難しい。更に書字の困難もあり，解答は分かっていても，漢字が書けずに実力よりも低い評価になってしまう。どうしても，自己肯定感が下がりがちであった。

3 − 支援の経過

　A君より，合理的配慮の提供について要望があったため，本人，保護者と管理職，担任，特別支援教育コーディネーター（通級指導教室担任）が参加し，合意形成のための会議を実施した。

　A君からは，「英語のヒアリングの際，静かな環境でないと集中して聞き取れない。」「テスト問題のレイアウトがわかりにくく，読んでいるうちに思考が迷子になってしまう。」「解答用紙のどこに答えを書くのかが分かりにくい。」「社会は得意なのだが，漢字が思い出せずにひらがなになってしまい，減点されてしまう。」といったことがあげられた。自分の言葉で，適確に説明したA君には，大変感心した。

　はじめは，「A君の解答用紙や問題用紙を拡大する。」「ひらがなでも答えがあっていれば丸にする。」といった意見も出ていた。しかし，配慮しすぎれば，かえってマイナスの支援になってしまうこともある。高校入試を考えると，特別措置はあるものの，パソコン使用や，ひらがなでの解答が認められるには，まだまだ条件が整っていないように思われた。また，漢字を書くことをあきらめてしまっていいのかという意見や，評価をつける際に，不公平になってしまうのではないかといった意見もあった。どこまで合理的配慮の提供を行えばいいのかの判断がとても難しかった。

　この検討の中で，他の全ての生徒にとっても分かりやすい，授業のユニバーサルデザイン化（基礎的環境整備）から始め，それでも難しければ，A君

の合理的配慮を再度検討しようということになった。

別室受験の様子

　高校入試では、切り替えの弱さと、聴覚過敏に対応するための別室受験は、特例措置として認められると判断し、テストの際の別室受験を実施することにした。また、中学校での配慮実績が考慮されるため、個別の指導計画にその配慮を明記するようにした。書字への配慮としては、全ての生徒にとって分かりやすいように、以下の通り工夫した。

　①紙は、Aサイズで統一する。
　②フォントは、丸ゴシックを使用する。
　③サイズは、できるだけ12ポイントにする。
　④問題文や解答欄も、分かりやすいレイアウトで作る。
といったことを、全校で統一することにした。
　このA君のケースは、「K中学校特別支援教育のスタンダード」にも反映され、校内の支援体制を改善する大きなきっかけになった。

4 応用・発展

①授業のユニバーサルデザイン化

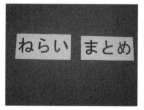
「ねらい」「まとめ」カード

　「場の構造化」、「刺激量の調整」、「時間の構造化」、「内容の構造化」、「焦点化」、「視覚化」、「共有化」、「ルールの明確化」、「テスト問題のユニバーサルデザイン化」については、校内全体で共通理解を図り、通常の学級で取り組むことにした。
　更に、全学級共通で、板書に「ねらい」「まとめ」カードを使用することで、共通の型ができ、「何を学ぶか」、「何を学んだか」が、より明確になった。

②合理的配慮

　「合理的配慮って何？」、「こんな時どうする？」、「合理的配慮の進め方」等、

特別支援教育コーディネーターが説明を行い,学校全体で共通理解を図った。

③通級指導教室との連携

　A君は中学1年生から通級による指導を受けている。通級による指導では主に,自己理解を図るためのソーシャルスキルトレーニングと,書字に対する支援を行ってきた。

　書字のアセスメントの結果から,漢字の細かい部分に注目させる練習等,A君の認知特性に合った支援を行ってきた。更に,A君はパソコンが得意で,手書きでは難しい作文も難なく打てるので,並行してパソコンでの調べ学習や,作文指導を行った。

　このように通級による指導では,得意な面で苦手な面を補うように心がけた。

　また,通級による指導で学んだことを般化するために,通常の学級と随時情報交換を行い,共通理解を図りながら支援を進めてきた。

　以下の図は,A君の1年時と3年時の「自尊感情測定尺度（東京都版）自己評価シート」の結果である。3年間で,自尊感情の値が大きく増加したことが分かる。本人はその理由を,「自己理解が進み,自分に自信がもてるようになったため。」と自己分析していた。

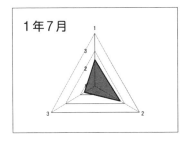 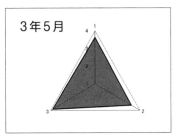

「自尊感情測定尺度（東京都版）自己評価シート」の結果

5 - おわりに

　このように,生徒にとって最善な支援を目指した結果,学校としても大きく変わることができた。よりよい支援を目指して,今後も学校全体で共通理解を進めていきたい。

（平野　恵里）

通常の学級

3 自分の気持ちを表現することが苦手な生徒への指導

1 − 対象生徒について

　Ａさんは通常の学級において周囲から「ほとんど言葉を発することがない，話さない静かな子」という認識をされている。

　自分の気持ちや考えを表現することに対して苦手意識があり，授業中における発言や大勢の人の前での活動に強い不安をもっているため，挙手や発言に対して抵抗を感じているようである。また，休み時間中の友人とのコミュニケーションも苦手としており，一人で過ごす時間が多く，学級の中で孤立してしまう場面も見られる。

　話すこと以外にも人前で笑うことにも抵抗を感じており，顔を隠しながら声を押し殺していることが学級開き直後にはよく見られた。

　しかし，家庭では非常によく話し，学校での出来事や自分の面白かったことを帰宅後に思い出して笑うこともあり，本来は明るい生徒である。

2 − 通常の学級における指導

⑴ 保護者との連携

　5月の家庭訪問の事前準備として，担任と通級による指導担当が「選択性緘黙のある子への指導について」の情報を収集し，保護者にどう伝えるかについて話し合った。

　保護者には学校でのＡさんの様子を丁寧に説明し，事前に作成しておいた実態把握アンケートを実施してもらいながらＡさんが抱える不安を取り除くための配慮を一緒に検討していった。

また，Aさんの特性に応じた指導ができるよう個別の知能検査を実施し，得意な力を使って無理なく支援ができるよう教材等の準備を進めていった。

(2)教室内での学級担任による配慮
①安心・安全な居場所づくり
　学級開き当初は担任に対して自分の考えを表現する機会はほとんどなかったAさんだったが，体育祭がきっかけとなり，Aさんの表情に変化が見られるようになっていった。4月から毎日根気強く関わった結果，担任とAさんの心の距離が少しずつ縮まり「Aさんにとって担任は安心できる人」という気持ちが生まれてきた。

②クラスの生徒たちの正しい理解
　学級では，班長会によって座席を決める取組を行っている。その際，担任からは「Aさんの特性を理解しみんなで協力してほしい」と生徒たちに伝えた。具体的には「Aさんは話すことが苦手だから，話をしてとか，声を出してと急かすのではなく，ゆっくり待ってほしい」ということを伝えた。林間学校や校外学習での班別行動の際にも，事前に「Aさんの様子をよく確認してほしい」と生徒たちに伝えたことで，生徒たちの受け入れ体制が整ってきた。

③無理に話させない
　学級で発言を促すような発問は，Aさんに対して緊張感や圧迫感を与えてしまう。精神的な負担を軽減するため，質問の答えとなる選択肢をカードに書いて準備しておき，どの選択肢を選ぶか指さしで答えられるようにしておいた。指導を積み重ねていくと，「質問自体を紙に書いておく方が質問の意味を理解しやすい」という傾向が見られたので，あらかじめ質問も紙に書き，選択肢をその下に用意しておくようにした。その結果，多少の意思表示をすることができるようになった。

④苦手なことは教材でフォローする
　Aさんは個別の知能検査の結果「処理速度」に課題があり，文字を書くことを苦手としていた。そのため，板書を書き写す作業などは非常に時間がか

かってしまうことが予想された。そこで授業では，シールを活用してノートまとめを行う等の配慮を行った。

　例えば，社会科で習う「雨温図」はシールで配布し，書字の量を減らしている。また，シールを貼る場所を示すことで作業手順を明確にする支援を行っている。作業を苦手としている生徒はAさんだけではないので，他の生徒に対しても有効な支援方法である。

⑤**失敗しない道標を提示する**

　学級では家庭学習ノートの取組を行っている。しかし，自主的に課題を見付けて学習することはAさんにとって困難さを伴う。自分を表現することを苦手とする生徒にとって，「自分で考えて勉強しなさい」ということは難しいことである。そこで，家庭学習ノート補助プリントを用意し，自ら課題を見付けることを苦手とするような生徒に学習の道標を示すことで，失敗しない家庭学習の支援を行っている。

　最初の頃，Aさんは自ら教員のところにプリントを取りに来ることは難しかった。数日間Aさんの様子を観察した担任は，帰りの会終了後Aさんの席まで歩み寄りプリントを渡すことにした。すると抵抗なく受け取り，家でしっかりと課題をすることができた。

3 通級指導教室での個別指導

(1)**リラックスできる場としての通級指導教室**

　学校の中で，自分が自分らしくいられる空間は大切である。緊張をゆるめることができるよう，好きなことや興味のあることを準備しておく。また，体を動かす課題を取り入れると，緊張がほぐれ，リラックスできる。

(2)**不安の軽減**

　通常の学級での授業の中では聴覚の情報処理が追い付かないので，担任と相談し，一つ一つの作業工程を分析して手順を分かりやすく提示することにした。通常の学級で使用する教材を使って通級指導でリハーサルを行った。

担任と相談して作成した教材。視覚的情報処理は得意なので，すぐ手順を理解し，シールを貼ることができた。通級による指導でリハーサルをしたので，通常の学級での作業では戸惑うことなく自信をもって参加することができた。

4 おわりに

「選択性緘黙への対応」は，支援者の正しい理解があってこそ成り立つ。

生徒の実態を多面的に捉え，「好きなこと，得意なこと」を支えとしながら焦らずじっくり丁寧に対応する必要がある。

安心・安全な場所，多様性が認められる居心地のよいクラスは，学校生活を送るうえでの居場所となる。しっかりとした居場所があってこそ生徒たちは「難しいけれどチャレンジしてみよう」という気持ちになる。

「話をしてもいい相手」を選ぶのは生徒たちである。生徒の気持ちに寄り添い，生徒を無理に変えようとするのではなく，環境を調整し，過ごしやすい空間を作ることが，重要である。

＊授業で使用している教材はWEBサイト「ちびむすドリル」と共同作成した。教材はダウンロードが可能。

（三富　貴子・竹内　佑馬）

特別支援学級

4 学習上又は生活上の困難を克服し自立を図る指導

1 - はじめに

　知的障害特別支援学級における自立活動の指導においては，生徒が生活の中で学習上又は生活上の困難を主体的に改善・克服するために必要な知識，技能，態度及び習慣を養うことが重要である。

　知的障害のある生徒は，目前の課題に取り組む姿勢や学校行事に対する意識は非常に高いものの，将来について自分にどんな能力があり，それをどう生かして生きていくかという展望がもてず，進路を真剣に考えるということの意識は高まっていないことが少なくない。このような点から，自立を図る指導にあたっては，生徒の興味関心や生活経験と具体的に結び付き，将来の生活に思いを馳せることができるような内容を工夫することが求められる。

　中学校では，集団での役割を与えることで自立を促す指導を行うことが多い。ここでは，「学級レストラン」をとおして，今取り組んでいることが将来の職業や労働に意識がつながる指導計画を提案する。

2 - 対象生徒について

・中学2年生。男子。　・話す能力は高い。聞く能力，書く能力に課題。
・足し算，引き算は得意。割り算に課題。　・身の回りの整理整頓は苦手。

　毎日，目の前の課題に一生懸命取り組んでいる。行事に対する取り組み意欲も高い。一方，将来の進路については，あまり意識していない。日々の楽しさが最優先になっている。具体的に考えるという段階まで進んでいない現状である。職業観や勤労観の育成はこれからの課題であり，「働く」という

ことに対しても，その「大切さ」や「大変さ」は実感できていない様子である。

3 — 生活単元学習「学級レストラン全体指導計画」

①目的
　レストランというサービスを提供することによって対価をいただく活動をとおして，働くことの「楽しさ」，「大変さ」や「大切さ」を学ぶ。

②教材観
　レストランの活動は，仲間との協力，働くことで対価を得る，飲食店での労働の疑似体験をとおして進路を考えるなど，一つの取組で多くのことを体験することができる。また，生徒にとっても馴染みのある「レストラン」を舞台とすることで，意欲的に取り組む姿勢をもちやすく，実際に取組が進んでいくと，料理をしたり配膳をしたり接客をしたりすることで，働くことの大変さを感じるとともに，お客様の笑顔や言葉をとおして，「楽しさ」も十分感じることができる。

　また，多くの生徒が進学する特別支援学校高等部では，清掃技能検定などの就労に直接つながる学習をする。今回の「学級レストラン」の活動が，その前段階の就労という自分の将来を見据えた学習として効果的であり，中学校で必要な進路学習である。

③期待される学習効果
・将来を見越した進路への意識が深まる。
・働くことに対し，具体的なイメージをもつことができる。
・自分の役割に対して，責任をもって取り組むことの大切さを知り，「集団における個」の重要性に気付く。
・仲間と力を合わせて一つのことを成し遂げる充実感や達成感を体験することで，協力することの大切さを実感する。

④役割分担
　自分の果たすべき事項をしっかり自覚させるため，以下にあげる五つに役割を分担して活動を行う。

○企画部（部員2名）………全体の指揮，活動の進行管理。
○調理部（部員7名）………調理に関しての中心。具材の買い出し，調理器具の確認と準備，当日の調理計画。
○ホール部（部員6名）………食事をする部屋の装飾計画及び実施。食器の確認，テーブルの確認，料理の運搬方法の確認。
○会計部（部員4名）………買い出し品の会計処理，当日の支払い対応，最終的な会計報告。
○広告・宣伝部（部員4名）…試食時のレポートの作成，ポスター制作，当日のチラシ配り，先生へのレストランの紹介。

⑤全体の指導計画
【第1時】
○概要の説明
　学習の目的やねらいの説明，自己の課題設定，個人目標の設定，役割分担の説明，担当者の決定，準備しなければならないもの，これからの時間の使い方　等。
【第2時】
○役割分担における話合い①
　各部において責任者の決定，仕事内容の整理及び確認。
【第3時】
○役割分担における話合い②
　具体的にやらなければならないことの整理，作業日程の決定。
【第4時】
○試作試食会の計画
　本番を想定しての試作試食会の計画，各部の進捗状況報告。
【第5時】
○試作試食会の実施
　企画部，調理部，ホール部は実際に本番を意識して流れの確認，接客。会計部，広告・宣伝部はいろいろな客を想定して演じる。

【第6時】
○試作試食会の反省
　自分の役割を果たすことができているかについて，他の生徒との交流を通して反省をまとめる。
【第7時】
○レストラン開業に向けて準備
　各部で試作試食会の反省を受けて，実際の準備を行う。
【第8時】
○レストラン直前準備
　実際の買い出し，会場設営，お金の準備。
【第9時】
○レストラン開業
　役割をしっかり果たすことで，勤労に対する成就感や達成感を育み，誠実に働くことの喜びを味わう。
【第10時】
○反省，課題整理と成果発表
　各部で反省，課題を出し合い，個人目標が達成できたか，学級全体でのねらいが達成できたか評価する。

4- 指導のポイント

・役割を明確にし，次に何をすべきかを記録することで，意欲的かつ積極的に活動することができる。
・メニューはこれまでの調理実習で経験したものにすることで見通しが付くようにする。
・役割分担において，なるべく個人の希望をかなえるよう事前の指導などで適性や能力を把握するようにする。

（井上　貴雅）

特別支援学級

5 各教科の指導：
　　理科「電気の世界」

1- はじめに

　理科の目標は，「自然に親しみ，理科の見方・考え方を働かせ，見通しをもって，観察，実験を行うことなどを通して，自然の事物・現象についての問題を科学的に解決するために必要な資質・能力を次のとおり育成することを目指す」である。

　内容項目として，「C物質・エネルギー」の中の「オ電気の通り道」から「静電気」に焦点を当て，実験を通して楽しみながら，性質を学んだり，私たちの生活にどのように役立っているのかを理解することを目的とした指導を提案する。

2- 対象生徒について

・生徒A。中学3先生。男子。

〈生徒観〉

　本特別支援学級の在籍生徒は，文字の読み書きや日常のコミュニケーションに課題のある生徒から，小学校高学年程度の学力をもった生徒まで，学習の到達度にばらつきがある。

　生徒Aも実験に対する興味は強く，まじめに楽しそうに取り組むことができる反面，物理現象への理解や，生活への応用に対する認識については，言葉の理解が十分でないこともあり，理解しているとは言い難い状況である。そこで，説明などにもタブレット等を用いて，言葉に対する苦手意識を少しでも軽減して楽しんで理解を深めることをねらいとした。

3 - 単元のねらい

静電気は, 身の回りの現象として, 多くの生徒は知っている。しかし, その知識はビリッと「痛い」というネガティブな経験から知り得た情報が大半であり, 私たちの生活に応用されていることや, 電気の種類など物理的な知識についてはほとんど身に付いていないのが現状である。

そこで, 物理現象としての静電気を実験を通して, ＋（プラス）, －（マイナス）の存在やその性質について学ぶ機会とする。また, 静電気が私たちの日常生活にどのように役立っているのかについても, 知識として定着させたい。

4 - 本時の学習指導過程

①指導計画

時間	生徒Aへの 指導事項・留意点等	学習活動	備考
導入 5分	・発問1 「冬になると発生するものは？」 （発生しやすい状況を説明して想像を促す） ・発問2 「静電気の特徴は？」 （実際の場面をタブレットで示す）	・発問1について考え, 発表する。 ・発問2について考え, 発表する。	
展開① 15分	・実験道具を渡して, 実験の説明をする。 （実験の手順をプリント	・渡された,「塩ビパイプ」,「ポリエチレンのヒモで作ったタコ」,	・教室が乾燥している状態でないと実験がうまく

4章　これから求められる特別支援教育の実践 ● 113

	にして迷うことがないようにする)	をそれぞれティッシュでこすって、タコを静電気で浮かせる。	いかないので注意。
		・塩ビパイプでタコを浮かせることに成功する。	
展開② 25分	・ティッシュがくっついた生徒を取り上げ、みんなで見る。	・実験の過程でティッシュが塩ビパイプにくっついたり、ポリエチレンのタコがティッシュにくっついたりすることを発見する。	・ティッシュでこすっていると、パチパチと音が聞こえてくることに気付かせるため、途中から静かにやらせる。
	・全員に体験させる。		
	・ワークシート配布。	・ワークシートに記名。	
	・発問3 (ワークシートに記載) 「静電気の二つの特徴は?」 机間指導をし、実験のことを思い出しつつ、両方回答できるようにする。	・ワークシートの発問に答えを記入する。「引き合う」「反発し合う」という趣旨の答えを書く。 ・発問3について、発表する。	
	・実際に磁石を示しながら、電気の種類「＋、－」について説明。	・静電気の種類についてワークシートに記入する。	

	・静電気の応用について説明。 （実際に応用されている場面をタブレットで示す）→コピー機のトナーや自動車の塗装など	・説明を聞く。	
まとめ 5分	・ワークシートの回収。 （全て書くことができているか確認する） ・次時の説明。	・ワークシートを提出する。	

②**評価**

・意欲的に観察・実験に取り組むことで，結果を想像しながら現象を考えることの楽しさを経験することができたか。

・静電気が応用されている事象を知ることで，今まで「痛い」という印象しかなかった静電気がいろいろな生活の場面で使われていることを理解し，ものの見方や考え方を広げることができたか。

5 − おわりに

　言葉だけでは理解できず学習が進まない生徒に対し，実験を通して視覚情報から学習の価値付けを行うことで，それまでにはなかった学習に対する意欲的な姿勢が見えるようになる。「理科」の身近な実験を重ねることで学習して得られる満足感や言葉に対する抵抗感が薄らぐことも期待できる。特別支援学級では避けられがちな理科学習の実験を進める上での一助となることを願う。

（井上　貴雅）

通級による指導

6 特別支援学校・自立活動を参考にした指導

1 - はじめに

　ここでは，自閉症，注意欠陥多動性障害，学習障害のある生徒を対象にした通級による指導事例を紹介する。

2 - 自尊感情のアセスメントを活用した授業（個別指導）

　通級による指導の第1回目で，Aさん（中1）に自己紹介及び通級による指導の趣意説明をした後，「自己評価シート」（東京都教職員研修センター紀要第11号関連資料）を配り，実施した。「自己評価シート」とは，東京都教職員研修センターが開発した自尊感情のアセスメントシートで，22の質問項目からなり，分析もできる。（同センターホームページからダウンロードできる。URLアドレス：http://www.kyoiku-kensyu.metro.tokyo.jp/）

　通級による指導では，生徒の実態把握に基づき，特別支援学校・自立活動の六区分の内容の中から必要とする項目を選定し，それらを相互に関連付け，具体的に指導内容を設定する。特に，中学校段階では，生徒の学習上又は生活上の困難を改善・克服するために，主訴となる課題に関係する項目を選定するとともに，「心理的な安定」に示される内容の中から項目を選定し，相互に関連付けることが大切である。

　中学校段階は，小学校段階より，一層複雑な人間関係の構築を必要とする。また，教科等における学ぶ知識・技能の量が増大する。

　通級による指導を受ける生徒の中には，障害の状態や特性のために中学校段階において力が発揮できず，友人関係に悩む生徒がいる。また，学力が積

み上がらないために，勉強や進路に悩んだりする生徒がいる。その結果，思春期の時期と重なり，二次的な状況として，自尊感情が低下する傾向にある。

したがって，主訴となる課題に対応した内容の項目と，「心理的な安定」に示される内容の項目を関連付け，自尊感情を育みながら，具体的な指導内容を設定することが求められる。

自尊感情についてのアセスメントは，就学相談の観察及び記録，心理検査等の資料，在籍学級担任及び特別支援教育コーディネーターとの面談，保護者との面談，在籍学級の授業観察等により，主訴となる課題に関わるアセスメントとともに行う。更に，多面的・多角的な実態把握をするために，自己評価シートを活用する。

> Aさんの自己評価シートの結果は，「人に迷惑(めいわく)がかからないよう，いったん決めたことには責任(せきにん)を持って取り組む」を含めた3項目について，肯定的な回答であった。残りの項目については，全て否定的な回答であった。
>
> 肯定的な回答を指さし，「これらの項目があなたの強みです。とてもすばらしいです。」「自分の強みと弱みを，自分で認識できることがとても大事なことです。」と励ました。
>
> その上で，否定的な回答をした項目の中から，「通級で勉強することで，特にどの項目を変えていきたいですか？」と発問した。更に「どうして，この項目を選びましたか？」「数値を1から4にいきなり変えることは大変ですね。仮に，変えるとしたら，何ができますか？」と発問を続けた。

このように，自己評価シートをアセスメントとして活用するだけでなく，通級による指導の教材として活用することで，生徒の主体的な取組を促す。

また，単元や学期の終わりに，改めてシートを提示し，生徒がこれまでの自分を振り返り，成長を実感する機会をもつようにする指導も効果的である。

通級による指導を受ける生徒の中には，Aさんのように，自己を客観的に捉えようとし，目標を考える生徒がいる一方で，何らかの原因により自己開示が難しい生徒や，自己を客観的に捉える力が十分に育っていない生徒もいる。彼らに自己評価シートを実施すると極端な数値で表れることがある。そのような場合は，更なる生徒理解に努め，在籍学級担任及び保護者と連携の上，生徒との信頼関係を強化したり，生徒の実態に合わせて自己を認識する授業を実施したりする。また，必要に応じて「他者評価シート」（前掲関連資料）を在籍学級担任に作成してもらい，指導の参考にする。

3 - 自分の強みを認識する授業（小集団指導）

　生徒2名による小集団活動の1回目で，自己紹介及び共通点探しゲームをして，相手との心の距離が縮まったことを話し合った。生徒に「強みシート」を配り，記入させた。
　「強みシート」とは，「がまんづよい」「向上心がある」「きちょうめん」「友達思い」「まじめ」「おもしろい」「じっくり考えて行動する」「明るい」「元気」など肯定的な言葉をリストアップしたシートである。

　「自分に当てはまると思う言葉に丸を付けなさい。丸は3個以上とします。」Bさんは，これまでのアセスメントにより，1，2個程度しか選ばないと予想されたので，数の条件を与えた。
　5分後に，同じシートをもう1枚配る。「今度は，相手の強みを考えます。今日，初めて会ったばかりですが，相手に当てはまるなと思った言葉に丸を付けなさい。丸は3個以上とします。」と指示した。教員も，2名の生徒について，当てはまる言葉を多めに選び，それぞれのシートに丸を付ける。その後，自分の強みから発表していく。理由も聞き，共感する。次に，相手の強みの発表をする。自分の強みと同様，理由も聞く。
　「Bさんは，そのように思ったそうです。Cさん，感想をどうぞ。」

> 「(Cさん)……うれしいです。」
> 「そのように,相手の強みを見付けられるBさんもすてきですね。」

　互いに感想を伝え合い,更に教員の発表も加え,価値付けていく。授業を通して,「あなたが思う以上に,あなたには強みがあること」「相手のよい点を見付け,伝えられることも,強みの一つであること」に気付かせる。

4 - 自分の「短所」を「長所」に捉える授業(個別指導)

　「短所の言葉がリストアップされたシート」と,「短所の言葉が長所の言葉に変換されたシート」の2種類を用意する。
　最初に,「短所の言葉がリストアップされたシート」を配る。

> 　「自分に当てはまると思う言葉に,丸を付けなさい。」と指示するとDさん(中2)は,10個以上の短所の言葉に丸を付けた。
> 　その後,「短所の言葉が長所の言葉に変換されたシート」を配って説明した。「短所は一つの見方であり,見方を変えれば,長所にもなりえます。このように見方を変えることを,リフレーミングと言います。」
> 　Dさんに,丸を付けた短所の言葉を言ってもらう。教員は,長所の言葉に言い換えた。Dさんは,半信半疑な表情を浮かべながら,長所の言葉を唱え返していた。
> 　その後,授業は,自分に合った出来事を解釈し直す単元に発展させた。

　自尊感情は,「自分にはできないことがあるけれど,そこそこはやれている」という現実的で確かな実感である。無条件に「自分は何でもできる」と思うことではない。中学校段階では,成功体験の機会とともに,他者から褒められ,認められる機会を意図的・計画的につくり,学習上又は生活上の困難を改善・克服しようとする意欲を高めていくことが大切である。

(西川　諭)

通級による指導

7 各教科等と通級による指導が連携した指導

1 — はじめに

　ここでは，自閉症，注意欠陥多動性障害，学習障害，情緒障害のある生徒を対象にした通級による指導の教育課程における事例を紹介する。

2 — 4月当初の連携

①「サポートシート」を活用した情報提供

　通級による指導を予定している新1年生が，4月からの中学校生活を円滑にスタートできるようにするために，学校は，生徒が入学する前に，当面の支援方針を確定する必要がある。そのための基礎資料として，通級による指導担当教員が「サポートシート」を作成し，保護者の同意のもと，支援してほしい内容を入学前に情報提供した。「サポートシート」とは，次頁にある内容を記したシートである。Aさん（中1）を例にして示す。

　前年度の2～3月にかけて，小学校6年生の担任及び特別支援教育コーディネーターとの面談，小学校通級担当教員との面談を行った。また，保護者の許可を得たうえで，個別の指導計画の写しを引き継いだ。気になる児童には小学校の授業観察をした。これらによる情報と，就学相談の記録，心理検査の資料等から，サポートシートの原案を作成し，3月末の保護者面談で提示して加筆・修正した。

　中学校では教科担任制になることから，教科等の授業を担当する全ての教員が支援方針を共有することが求められる。したがって，サポートシートは，

サポートシート例

1　**基礎情報**（氏名，性別，生年月日）
・Aさん，男，平成〇〇年〇月〇日生

2　**診断名**
・学習障害（〇〇クリニックで診断，平成〇〇年〇月）

3　**心理検査等の結果**
・WISC-IV（平成〇〇年〇月）
・検査結果　※詳細は省略
・聴覚処理優位（言語理解≒ワーキングメモリ＞知覚推理≒処理速度）

4　**心理検査等の所見**（要約）　※省略

5　**得意なこと教科・好きなこと，苦手なこと**
・得意な教科・好きなこと：社会，ゲーム
・苦手なこと：文字を読むこと，運動

6　**学校で当面サポートしてほしいこと**
①言語理解が比較的得意なので，文章は文字情報だけでなく，その都度言語で補うと理解が深まります。
②ディスレクシアの診断があります。特に，文字のかたまりを単語に置き換えることが苦手です。教科書やワークシート文章を提示するときは，教員が範読を聞かせて聴覚情報を与えてから，音読をさせると，負担が軽減されます。
③可能であれば，文字を大きくしたり，文節が区切られた文章を提示したりすると，理解が図られます。
④「書く」については，板書の視写に時間がかかります。キーワード等，限定して書くことや，升目のあるノートを利用すること等，本人及び保護者と相談する必要があります。
⑤発表することが得意なので，授業で活躍する機会をもつことで，自尊感情を高めることが期待できます。

7　**家庭で行っていること**
・国語の教科書には，文節ごとにスラッシュを入れています。
・パソコンやタブレットが使えるようにしたいと思います。

関係する教員全員に配布してもらった。中には，事務員や用務主事等を含め，共通理解する学校もあった。

　小学校と中学校の連携においては，通級による指導担当教員が積極的に介入してサポートシートを作成し，その役割を果たすことが効果的である。
②担任及び特別支援教育コーディネーターとの面談
　在籍学級の授業観察後に面談をし，Aさんの当面の支援方針の確認及び現時点での評価を共有した。実際にAさんが困っている状況を聞き取り，個別の教育支援計画，個別の指導計画の作成に向けた連携体制を確認した。

3- 個別の教育支援計画及び個別の指導計画の確定

　通級による指導における実態把握の後，本人及び保護者，在籍学級と連携して，Aさんの個別の教育支援計画及び個別の指導計画を確定した。以下，各教科等の指導と通級による指導の連携に関わる内容に絞って示す。
①支援目標
ア　ディスレクシアによる学校上又は生活上の困難の改善及び克服
イ　自尊感情の向上
②通常の学級における支援の内容，合理的配慮
ア　席は前にして，板書の文字を見やすくする。
イ　文章の提示の際は，音読の前に，教員が範読を聞かせるようにする。
ウ　重要なキーワードについては，言語で説明したり，絵やイラスト等で示したりして，語彙力の増加を図る。
エ　「イエローマーカーリーダー」（ラミネートに黄色のラインを引いたもの。教科書の上に置くと，行を間違えないで読める。原実践は『特別支援教育教え方教室37号』明治図書，小嶋悠紀氏論文）を活用する。
オ　マス目ノートを活用する。また，必要に応じて支援機器を活用してノートをとる。
カ　必要に応じてワークシートを準備し，板書の負担を減らす。
キ　定期考査では，文字を大きくし，ルビを振った問題用紙を準備する。

③**通級による指導の内容**

ア 「読む」力の向上を目指した指導（「環境の把握」「コミュニケーション」「心理的な安定」）

⑴国語，社会の教科書を活用した指導

　指導例：⑴教員の範読を聞かせた後，音読する。⑵意味が分からない言葉を学ぶ。⑶学んだ言葉を使って例文を作り，音読する。（以上，『二段階方式による音読指導（鳥取大学方式）』の「語彙指導」を参考にした方略）

⑵「3つのことばさがし」（『多層指導モデルMIM』の指導より）

イ 支援機器の活用向上を目指した指導（「環境の把握」「心理的な安定」）

　Aさんについては，書字の習得目標を下げ，一方で，支援機器を活用できるように指導することが実際的であると判断した。

ウ 「読み書き」の前提となる運動能力の向上を目指した指導（「身体の動き」「環境の把握」「心理的な安定」）

　Aさんの実態把握から，感覚統合，原始反射の統合を目指した運動，ビジョントレーニングが有効であると判断した。

エ 特性の理解の指導（「心理的な安定」「健康の保持」※新学習指導要領では，「健康の保持」の区分に「⑷障害の特性の理解と生活環境の調整に関すること。」の項目が新たに設けられた。）

　支援及び指導の効果を上げるためには，Eさんが自分の特性と向き合い，合理的配慮を受ける必要性を理解する必要がある。

　以上の取組を連携して行うには，通常の学級の教員への特別支援教育の理解，特に「ユニバーサル・デザインの考えに基づいた指導」「合理的配慮の提供」の理解が不可欠である。生徒の事例を通して，これらに関する理解を深めていくのも，通級担当教員の重要な役割である。

　　　　　　　　　　　　　　　　　　　　　　　　　　（西川　諭）

指導と支援の計画づくり

8 個別の教育支援計画の作成と活用のポイント

1 — 作成のねらいと留意点

　「個別の教育支援計画」は，教育，医療，福祉，労働等の関係機関が連携・協力を図り，障害のある生徒の継続的な支援体制を整え，望ましい成長を促すためのものである。したがって，現在の家庭や地域での生活だけでなく，卒業後の高校生活，あるいは就労までも考えながら作成していくことになる。これを踏まえて，盛り込むべき内容や記述のポイントを説明する。

①生徒の実態

　エピソードは多いとは思うが，生徒の24時間の様子がイメージできるようなポイントに絞って記述する。本人の課題（改善していきたい点）が明確になるような具体例がよい。同時に，得意なことや活躍している場面が記述されると，指導上のヒントになるので書き加えたい。

②関係諸機関

　本人の成育歴は，困難さの原因を理解する上で必要な情報であり，これまでどのような機関からどういった支援を受けてきたかをまとめる。現在も支援を継続して受けている場合は，連絡先や担当者を記載しておくとよい。このことにより，必要な場面ですぐに連携することが可能となる。

　また，外部機関からの所見は，支援や配慮事項のヒントとなる。

　さらに，一貫した支援という点でも，本人や保護者に混乱を生じさせないことにつながる。特に，ケース会議を行った場合の記録があると，保護者の安心感が得られ，信頼関係が構築しやすくなる。

③願い

　中学生になると本人の思いや自己主張が次第に強くなってくる。本人が現状をどう感じ，これから先の見通しを整理することが重要である。本人の願いを尊重しないで指導や支援を行っても効果的ではない。初めは漠然としたものであったとしても，指導，支援を進める過程で自己理解を深めさせたい。

　同時に，保護者の願いも整理したい。『個別の教育支援計画』は将来にわたっての支援を考えるものであるから，学校の様子だけで考えるのではなく，家庭の様子や考え方など保護者の願いは重要である。周囲に対する要望ではなく，保護者と学校が共に考え，共有したい。

④教育的ニーズ

　本人が学校で身に付ける必要がある点をまとめる。特に，本人にとって経験が不足しているがゆえに身に付いていないことは，学校という場がよい学習機会となる。そのことが「教育的」ニーズのポイントとなる。

　記述方法は，箇条書きにしたり文章化したりと様々な形式がある。p.127の記入例にある内容を箇条書きすると，「他者との意見調整のための会話スキルの獲得」「感情表出の調整スキルの獲得」「忘れ物を防ぐ工夫の確立」といった内容であり，箇条書きにしてあると見やすくなる。

　一方，文章化された「個別の教育支援計画」のメリットもある。諸機関と連携する場合などに，読むことのみに時間を要してしまい，全体のポイントが分かりにくくなることがある。「教育的ニーズ」が文章化されていると，全体を細かく読まなくても，この部分を丁寧に読めば本人の特徴がわかる。「教育的ニーズ」の欄を丁寧に記述しておくことで活用が促進される。

⑤支援目標

　「教育的ニーズ」を踏まえて，具体的な行動目標を立てる。本人だけが努力することではなく，周囲の支援があってこその目標であることに注意したい。この目標作成にあたっては，本人，保護者，教師が合意し，ゴールとなる姿を具体的に共有していることが大切である。目標が達成されたかどうかを判断する際に評価が明確になるような具体的な目標であるとよい。

⑥**必要な配慮**

　生徒によって，将来にわたって必要な配慮もあるだろうし，スキルが身に付くに伴って徐々に減らしていくことのできる配慮もある。本人や保護者からの申し出と学校の状況を考え，工夫したい。

2 活用のポイント

　本人の状況が変化すれば，それに伴って支援内容も変化する。したがって，まず変更を反映しやすい書式にしておくことで，活用がしやすくなる。一定期間が過ぎるごとに見直し，生徒の実態把握はこまめに行っていきたい。

　「個別の教育支援計画」は，学校と保護者で共有する。学校と保護者の合意形成の結果として作成したものであるから，必要であれば保護者の意思で関係諸機関にも提示することが可能である。

　「個別の教育支援計画」は外部との連携に大いに活用したい。

（下村　　治）

●●中学校　個別の教育支援計画（例）

生徒氏名	○○　○○○（2年A組）	作成年月日	平成××年×月×日
記載者氏名	○○　○○（担任） ○○○　○○（特別支援教育Co）	保護者確認	平成××年×月×日

○生徒の実態

家庭・地域	学校
・父，母，兄，本人，妹の5人家族。 ・野球のシニアチームに所属し，日曜日は全日練習している。 ・進学塾（月，水，金）に通っている。 ・余暇はゲームやパソコンの動画で楽しむ。 ・上手くいかないことがあると，言葉遣いが乱暴になる。	・野球部に所属し学年内ではリーダー的存在である。 ・提出物や宿題の忘れが多い。 ・明るく活発で頼りになる存在であるが，周囲と意見が合わず，時としてトラブルになる。 ・イライラした時は保健室に行き，気持ちを整理するように心がけている様子が見られる。 ・英語と社会の時間は熱心に学習に取り組んでいるが，国語と数学の時間は落ち着かない様子がある。

○関係諸機関

機関名		期間	担当者・連絡先	所見
○○療育センター		3歳～小2		ADHD傾向あり
○○小学校通級		小3～小6	○○先生，○○先生	週1回利用。主にSSTの指導。
○○中学校通級		中1～継続中	○○先生 045-△△△-△△△△	相談内容をホワイトボードに整理しながら話すと，冷静な判断が促され，自己の言動を振り返ることができる。
○○病院		平成××年×月×日 初診	○○医師，○○心理士 045-△△△-△△△△	ADHDと診断。コンサータ服用開始。情報量が多くなったり，複雑になったりすると混乱することが多く，特に聴覚情報は保持することが難しい。
連携の記録	年月日	参加者		内容
	平成××年×月×日	担任，特別支援教育Co，学年主任，各教科担当者，養護教諭，通級（○○先生）		通級指導教室利用について
	平成××年×月×日	担任，特別支援教育Co，学年主任，養護教諭，通級（○○先生），○○病院SW（○○さん）		支援内容の確認

○願い

本人	・勉強を頑張って，野球の強い高校に入りたい。
保護者	・周囲と折り合いがうまくつけられるようになってほしい。
学校	・感情をコントロールし，友達と協力できるようになってほしい。 ・忘れ物など，不注意なミスが減り，意欲的に生活が送れるようになってほしい。

○支援計画

教育的ニーズ	まじめで正義感があり，様々な活動に熱心に取り組む姿勢を見せるが，時として，周囲と意見が合わないことをきっかけにした衝動的な言動がみられる。他者と意見を調整していく会話のスキルを獲得するとともに，感情が高ぶっても表出をコントロールできるようになるとよい。 　　また，うっかり忘れものをしたり，物をなくしたりしてしまうことで，周囲からの本人の評価が下がるのは非常に残念である。未然に防げるよう自分なりの工夫が身に付くと，本人が願うように，自分の良さを生かした将来につながっていくと考えられる。
支援目標	・周囲との折り合いがつけられるようになる。 ・学習課題などに計画的に取り組み，期限を守れるようになる。
必要な配慮	・イライラした時に，本人がクールダウンできるような環境を用意する。 ・指示を視覚的にも行うなど，はじめは本人が認識しやすいような手掛かりを与える。

指導と支援の計画づくり

9 家庭への支援も考慮した個別の教育支援計画例

1 - 対象生徒

〈診断名〉

アスペルガー障害

〈WISC-Ⅳの結果と解釈〉

| FIQ：117 | VCI：124 | PRI：124 | WMI：99 | PSI：94 |

　言語的，視覚的情報を理解し，操作することは得意だが，1つの情報を様々な角度から捉えることは苦手である。

〈様子と経過〉

　3年生女子。通級による指導に週1日通う。医師による診断名は，アスペルガー障害。本人が母の言うことに従わなくなっている。

　1年生の2学期に状態が悪化したことをきっかけに，不登校になる。2年生に進級すると，体調はほぼ回復してきたにも関わらず，登校できなかった。幼い妹の世話もあり，家庭への支援も必要であった。

　そこで，教員間の共通理解と，個別の教育支援計画を作成することを目的に第1回目の支援会議を実施した。この話合いの結果を踏まえて，「学校生活支援シート」（次頁から）を作成し，共通理解をもって支援にあたることにした。

2 - 個別の教育支援計画の作成と活用

1	学校生活への期待や成長の願い
本人から	学習が遅れているので，皆に追いつきたい。
保護者から	体調を整えて，登校日数を増やしたい。

2	現在のお子さんの様子

〈主 訴〉不登校
〈診断名〉アスペルガー障害
〈WISC Ⅳ〉FIQ：117，VCI：124，PRI：124，WMI：99，PSI：94
言語的，視覚的情報を理解し，操作することは得意だが，1つの情報を様々な角度から捉えることは苦手である。
FIQは高いが，登校していないので，学習全般で遅れている。
体調不良のことも多く，頭痛，腹痛などが頻繁にある。
生活リズムも昼夜逆転傾向で，朝起きられない。

3	支援の目標

・週1回通級指導に通える。
・ソーシャルワーカーにつなぐ。
・保護者支援を行う。

学校でできること	家庭でできること
・保護者面談 ・スクールカウンセラーにつなぐ	・生活リズムを整える ・体調管理

4章　これから求められる特別支援教育の実践

4 支援機関の支援			
在籍学校	平成26年～	○○中学校	担任
○○療育センター	平成24年～	担当名○○○	042-○○○
	コミュニケーション，行動のコントロール		
ソーシャルスクールワーカー	平成27年～	担当名○○○	042-○○○
	登校支援，保護者面談，医療連携		
子ども家庭支援センター	平成27年～	担当名○○○	042-○○○
	家庭支援，各種サービスの提供		
放課後デイサービス	平成27年～	担当名○○○	042-○○○
	居場所，学習支援，体育等		

5 校内委員会・支援会議等の記録	
平成26年9月○日	校長，担任，ソーシャルスクールワーカー，コーディネーター
	共通理解，支援計画作成
平成27年2月○日	校長，担任，ソーシャルスクールワーカー，コーディネーター
	共通理解，不登校への対応
平成27年6月○日	校長，担任，ソーシャルスクールワーカー，コーディネーター，保護者
	共通理解，ソーシャルスクールワーカーにつなぐ

6 成長の様子
2年生の2学期からは，通級指導教室にはほぼ通えるようになった。

7 来年度への引継ぎ
高校への引き継ぎ（体調管理，学習支援，家庭支援他）

3 ─ 成果と課題

　2年生の2学期には，ソーシャルスクールワーカーにつなげることができ，週に1回，学校で保護者面談を実施することになった。ソーシャルスクールワーカーが保護者の相談を聞き取りながら，関係機関との連携を進め，地域資源の紹介をすることができるようになった。また，祖母ともつながることができ，母親が一人で負担を抱えることがなくなったことで，母親の状態が安定してきた。

　こうして，家庭の状況が安定してくると，本人も登校に意欲をもち始めるようになってきた。祖母の送迎の協力もあり，2年生の2学期からは，通級指導教室へはほぼ毎回通うことができるようになった。また，合唱祭，職場体験，体育祭等の行事の際にはクラスにも参加することができた。

　ソーシャルスクールワーカーの他に，子ども家庭支援センターや放課後デイサービスともつながり，家庭を地域で支える体制が整ってきた。

　このように，本人を中心として，保護者，学校，関係機関が連携をとって支援にあたるときに，個別の教育支援計画は重要なツールとなった。

　しかし，現在使用している書式では，正確な実態把握ができず，支援の方向も曖昧になってしまうという課題がある。

　また，個別の教育支援計画が十分に活用されていない現状がある。今後は，さらに書式や活用方法について工夫していく必要がある。

（平野　恵里）

指導と支援の計画づくり

10 個別の指導計画の作成と活用のポイント

1 – 作成のねらいと留意点

「個別の指導計画」は，本人の教育的ニーズを踏まえて，教育課程を具現化し，障害のある生徒一人一人の指導目標や指導内容，指導方法を明確化したものである。本人の実態に応じた支援を行うためのものであるから，実現可能な目標を立て，職員全体で共有して取り組んでいけるようにしたい。そのために盛り込むべきポイントをまとめる。

①生徒の実態

「個別の教育支援計画」同様，生徒の特徴が分かるエピソードを簡潔にまとめる。特に，「個別の指導計画」は，学校での教育活動のねらいを踏まえ，対象となる生徒の課題や困難さを記述しておきたい。その際，困難な状況がどのような教科や行事，時間帯などに表れるかが特定されていると，計画を作成する上で手掛かりとなる。

②願い

本人の意志を引き出し，指導の目標に生かすようにしたい。「個別の教育支援計画」と同様の部分もあり，作成時に転載するなどの工夫も考えられる。

③長期目標

「個別の指導計画」では，長期目標は1年間を目安に設定されることが多い。それ以上長くても，学年が上がってクラス替えがあるなど，状況が変化しやすいため目標が継続しにくい。

通級による指導や医療機関などと連携する場合は，卒業時を目安にした計画を立てるなど，少し長い期間設定することも考えられる。

記入例では,「教育的ニーズ」を文章化しているため,長期目標の設定理由が分かりやすくなっている。長期目標を明確に設定することで,段階的・系統的な具体性のある短期目標の設定につながっていく。

④短期目標

　「短期目標」は,3～4か月を目安に設定するとよい。前期・後期の二期制の学校もあるが,長期休業の間に継続的な指導や支援が途切れることもあるので,そのことも考慮しながら年間に3回程度の見直しをしたい。

　「個別の指導計画」は,学校行事などを含めた教育課程を踏まえたものである。本人の長期目標を,どのような場面でどのように支援しつつ達成に導くかを細かく計画する。

　筆者はこれまで「個別の指導計画」を作成する際に助言を行ってきたが,その中で「予想される困難さ」を明確にしている学校は,支援の目標を達成させていることが多い。困難さを予測することで,適切な配慮や手立てを行えるのはもちろんであるが,本人にとっても行動目標が明確になっているため,意識的な行動がとれる。

　その点を考慮して,指導の手立てを記入しておくことも重要である。特に中学校では,教科担任制であり,学級担任が本人と関わる時間が少なくなる。その分教科担任が関わったり,部活動の顧問が関わったりする。様々な立場の教師がチームとして本人に関われることをメリットにし,それぞれの教師が自分のとるべき行動が理解できるとよい。

⑤評価

　短期目標に対する評価を適切なタイミングで行いたい。目標は本人が達成可能なものを立ててはいるものの,なかなか思い通りに進まないこともある。その時は,達成状況とともに次の課題も示しておきたい。また,達成できた場合もできなかった場合も,その理由を把握しておきたい。本人が頑張れたのはなぜか,動機や背景が分かれば,更に今後に生かしていくことができる。支援がうまくいったとするなら,その支援は今後も継続すべきなのか,あるいは徐々に減らしていくべきかといった検討も必要である。逆に,うまくい

かなかった場合は，目標自体が無理だったのか，支援の手立てが悪かったのか，その目標を継続すべきか，変更するべきかといった内容を検討したい。

このような検討を，次の支援会議の時に具体的に話し合えるような記述をすることが望ましい。

2 - 活用のポイント

「個別の指導計画」は障害のある生徒に対する学習活動を行う場合に生じる困難さに応じた指導内容や指導方法の工夫を計画的・組織的に行うためのものである。したがって，学級担任や特別支援教育コーディネーターが中心となって作成するが，必ず学年会議などで検討する必要がある。

検討の時のポイントは，会議に参加した教師一人一人が，自分はどのように当該生徒に関わるべきかを理解し，行動できるようになることである。国語や数学の教科担任として何をするか，部活動や委員会の顧問としてどうするか，学年主任として，養護教諭として……といったそれぞれの役割に応じた関わりが理解できればよい。

次頁の記入例のような生徒であれば，数学の課題が出された時に，他教科の教師が自分の出した課題との優先順位をつけたり，提出日の数日前に学級担任が声をかけたりするなど，教師側からアプローチできる。結果的に課題が提出できたら，部活動の顧問がほめるといった生徒と教師の関係性の強化にもつながっていく。

上記のように支援会議でそれぞれの教師の行動を定めることが大切である。

（下村　　治）

●●中学校　個別の指導計画（例）

生徒氏名	○○　○○○（2年A組）	作成年月日	平成××年×月×日
記載者氏名	○○　○○（担任） ○○○　○○（特別支援教育Co）	評価予定日	平成××年×月×日

○生徒の実態

家庭・地域	学校
・父，母，兄，本人，妹の5人家族。 ・野球のシニアチームに所属し，日曜日は全日練習している。 ・進学塾（月，水，金）に通っている。 ・余暇はゲームやパソコンの動画で楽しむ。 ・上手くいかないことがあると，言葉遣いが乱暴になる。	・野球部に所属し学年内ではリーダー的存在である。 ・提出物や宿題の忘れが多い。 ・明るく活発で頼りになる存在であるが，周囲と意見が合わず，時としてトラブルになる。 ・イライラした時は保健室に行き，気持ちを整理するように心がけている様子が見られる。 ・英語と社会の時間は熱心に学習に取り組めているが，国語と数学の時間は落ち着かない様子がある。

○願い

本人	・勉強を頑張って，野球の強い高校に入りたい。
保護者	・周囲と折り合いがうまくつけられるようになってほしい。
学校	・感情をコントロールし，友達と協力できるようになってほしい。 ・忘れ物など，不注意なミスが減り，意欲的に生活が送れるようになってほしい。

○長期目標

教育的ニーズ	まじめで正義感があり，様々な活動に熱心に取り組む姿勢を見せるが，時として，周囲と意見が合わないことをきっかけにした衝動的な言動がみられる。他者と意見を調整していく会話のスキルを獲得するとともに，感情が高ぶっても表出をコントロールできるようになるとよい。 　また，うっかり忘れものをしたり，物をなくしたりしてしまうことで，周囲からの本人の評価が下がることは非常に残念である。未然に防げるよう自分なりの工夫が身に付くと，本人が願うように，自分の良さを生かした将来につながっていくと考えられる。
支援目標	・周囲との折り合いがつけられるようになる。 ・学習課題などに計画的に取り組み，期限を守れるようになる。
必要な配慮	・イライラした時に，本人がクールダウンできるような環境を用意する。 ・指示を視覚的にも行うなど，はじめは本人が認識しやすいような手掛かりを与える。

○短期目標（平成××年×月×日～平成××年×月×日）

予想される困難さ	・体育祭や合唱コンクールなど，クラスで協力して活動する機会が増える。 ・2学期末の提出物が各教科から指示される。
短期目標	・意見が対立した時に，話し合って調整し，折り合いがつけられるようになる。 ・期限までに提出物を準備できるようになる。
指導の手立て	・活動していれば意見が合わない場面も当然あるということを理解させ，その時には話し合いで解決することを推奨する。例えば，互いの主張をホワイトボードなどに書き出し，視覚的に整理して考える方法などを体験させる。 ・教室壁面に各教科の課題や学級運営上の提出物の内容を掲示し，本人がメモを取ったり，思い出したりできる手掛かりにする。

○評価【評価日：平成××年×月×日】

・合唱コンクールの練習中，二度ほど友人との折り合いがつけられず，トラブルになって教室を離れてしまうことがあった。通級による指導で状況を詳しく振り返り，どのような対話が必要だったかを学んだ結果，その後は授業中のグループワークでも，他者と自分の意見の共通点や相違点を見出す努力をしている様子が見られる。
・特定の教科の課題（特に数学）がどうしても後回しになりがちであり，計画性に課題はあるものの，以前のように課題そのものがあったことを忘れてしまうといったことがなくなった。

指導と支援の計画づくり

11 通級による指導と連携した個別の指導計画例

1 - 対象生徒について

　２年生男子。通級指導教室に週１日通う。医療機関で，広汎性発達障害という診断を受けた。場の雰囲気が読めず，友達付き合いがほとんどない。
　学習全般で苦戦しているが，特に書字に関しては小学校４年生程度の漢字でつまずいている。詳細は以下の通りである。
【聞く】
　聴覚過敏があるため，騒がしい環境では集中できず，一斉授業では，ぼーっとしていることも多い。
【話す】
　クラスではほとんど話さない。安心できる場だと逆に話が止まらない。自分の考えをまとめて話すことは難しい。
【読み】
　音読ができても，内容理解は難しい。
【書く】
　読みにくい字になってしまい，正確に書けない。ひらがな・カタカナは書くことができる。漢字は一部抜けていたり多かったりする。板書に時間がかかる。作文は，文法的な誤りも多い。
【数学】
　抽象的な文字盤だと時刻が読めない。図形等が苦手。

【体育】
　粗大，微細運動とにも苦手。

2 − アセスメント

① WISC Ⅳの結果と解釈

| FIQ：85 | VCI：103 | PRI：68 | WMI：85 | PSI：86 |

　言語的な認知能力は平均的であるが，視覚的な認知能力に弱さを持っているため，言語的な刺激の方が得意である。

②読み書き達成テスト（東京都教育委員会）

　書字の書きに困難がある。視覚記憶の弱さが見られるので，言語的手がかりを利用して，形の記憶を促すようにする。

③漢字の誤り分析（村井敏宏著『誤り分布で始める！学びにくい子への「国語・算数」つまずきサポート』明治図書）

　空間認知力（物の形を正確に理解する力や形を覚える力）が弱い。線の向きや方向，細部の形の違いの区別が難しい。これらアセスメントの結果から，書字の苦手さの背景に，「空間認知の弱さ」があり，言語的手がかりを利用して支援することが有効であるということが導き出された。更に，自己理解を促すために自尊感情測定尺度を実施した。

④自尊感情測定尺度（東京都版）自己評価シート（東京都教育委員会）

　結果は下図のような三角形で示され，三角形の頂点の1は自己理解・自己受容，2は関係性の中での自己，3は自己主張・自己決定をそれぞれ表す。満遍なく高いが，他者評価では，大人との関係は高かったが，他は全て低かった。

　以上のように，本人の自尊感情は高いが，他者評価とは不一致な点もあるため，自己理解を図っていく必要がある。

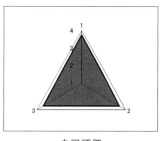

自己評価

3 - 個別指導計画

〈長期目標〉
◎自己理解を深める。
◎本人の認知特性に応じた書字の方法を学ぶ。

〈短期目標〉
○自分が困っていることについて、どうしたら上手くいくか、教員と考えることができる。
○困ったことがあったら、周囲の人に相談することができる。
○下学年の漢字から遡って、丁寧に正確に書くことができる。

〈手立て〉
・自己理解ワークシート（長所と短所、認知特性に関するチェックシート及びソーシャルストーリーズ等）を行い、結果をフィードバックする。
・小集団学習でSST（ソーシャルスキルトレーニング）を行う。
・ビジョントレーニングを行う。
・正確に書くことを目標に、大きめのマスで量を絞り練習する。
・字の線の方向や形を唱え、語呂合わせで漢字を覚える。

〈具体的な指導内容（抜粋）〉

自己理解SST	書字指導
・自己理解 ・コミュニケーション ・感情理解（相手の気持ち） ・困ったときに助けを求める	・ビジョントレーニング（市販のドリル） ・漢字支援ワーク（村井敏宏著『読み書きが苦手な子どもへの〈漢字〉支援ワーク』明治図書） ・道村式漢字カード(http://tenji-sien.net/) ・漢字博士（奥野かるた店）

4 - 成果と課題

　通級による指導通う生徒たちは，自尊感情が低くなる傾向があるが，本生徒の測定尺度はとても高く，今の自分に満足しているとのことであった。高すぎる結果は，実は自己理解ができていないという可能性もあるので，引き続き自己の課題に目を向けさせ，どうしたら上手くいくか一緒に考えていきたい。

　クラスの方では，マイペースで過ごしているが，困ったことがあったときには，周りの人に相談することができるようになってきた。対人関係においてのゴールを，無理に相手に合わせるのではなく，「困ったときに，周囲の人に相談できる」ということに置いているので，大いに評価している。

　また，相手の気持ちを考えるといった，非言語スキルについては，通級でも繰り返し学習してきた。右記のように注目するポイントを視覚化し，クラスでも般化ができるよう工夫している。

　漢字の書字については，認知特性に応じた指導を行ってきたこともあり，書くことへの苦手意識が減ってきている。また，丁寧に正確に書くことを目標に，量より質を重視したことで，大分整った字が書けるようになってきた。しかし，板書や時間制限のある書く作業では，焦って雑になりやすいので，ポイントだけを書けばいいようなプリントを用意する等，今後は学級の方での合理的配慮も考えていく必要があるだろう。

相手の気持ちを
考える際のポイント

・声のトーン
・表情（眉毛，目元，口元）

（平野　恵里）

付録1　中学校学習指導要領　第1章　総則（抜粋）

第4　生徒の発達の支援
 1　生徒の発達を支える指導の充実
　　教育課程の編成及び実施に当たっては，次の事項に配慮するものとする。
　(1)　学習や生活の基盤として，教師と生徒との信頼関係及び生徒相互のよりよい人間関係を育てるため，日頃から学級経営の充実を図ること。また，主に集団の場面で必要な指導や援助を行うガイダンスと，個々の生徒の多様な実態を踏まえ，一人一人が抱える課題に個別に対応した指導を行うカウンセリングの双方により，生徒の発達を支援すること。
　(2)　生徒が，自己の存在感を実感しながら，よりよい人間関係を形成し，有意義で充実した学校生活を送る中で，現在及び将来における自己実現を図っていくことができるよう，生徒理解を深め，学習指導と関連付けながら，生徒指導の充実を図ること。
　(3)　生徒が，学ぶことと自己の将来とのつながりを見通しながら，社会的・職業的自立に向けて必要な基盤となる資質・能力を身に付けていくことができるよう，特別活動を要としつつ各教科等の特質に応じて，キャリア教育の充実を図ること。その中で，生徒が自らの生き方を考え主体的に進路を選択することができるよう，学校の教育活動全体を通じ，組織的かつ計画的な進路指導を行うこと。
　(4)　生徒が，基礎的・基本的な知識及び技能の習得も含め，学習内容を確実に身に付けることができるよう，生徒や学校の実態に応じ，個別学習やグループ別学習，繰り返し学習，学習内容の習熟の程度に応じた学習，生徒の興味・関心等に応じた課題学習，補充的な学習や発展的な学習などの学習活動を取り入れることや，教師間の協力による指導体制を確保することなど，指導方法や指導体制の工夫改善により，個に応じた指導の充実を図ること。その際，第3の1の(3)に示す情報手段や教材・教具の活用を図ること。
 2　特別な配慮を必要とする生徒への指導
　(1)　障害のある生徒などへの指導
　　ア　障害のある生徒などについては，特別支援学校等の助言又は援助を活用しつつ，個々の生徒の障害の状態等に応じた指導内容や指導方法の工夫を組織的かつ計画的に行うものとする。
　　イ　特別支援学級において実施する特別の教育課程については，次のとおり編成するものとする。
　　　(ｱ)　障害による学習上又は生活上の困難を克服し自立を図るため，特別支援学校小学部・中学部学習指導要領第7章に示す自立活動を取り入れること。
　　　(ｲ)　生徒の障害の程度や学級の実態等を考慮の上，各教科の目標や内容を下学年の教科の目標や内容に替えたり，各教科を，知的障害者である生徒に対する教育を行う特別支援学校の各教科に替えたりするなどして，実態に応じた教育課程を編成すること。
　　ウ　障害のある生徒に対して，通級による指導を行い，特別の教育課程を編成する場合には，特別支援学校小学部・中学部学習指導要領第7章に示す自立活動の内容を参考とし，具体的な目標や内容を定め，指導を行うものとする。その際，効果的な指導が行われるよう，各教科等と通級による指導との関連を図るなど，教師間の連携に努めるものとする。
　　エ　障害のある生徒などについては，家庭，地域及び医療や福祉，保健，労働等の業務を行う関係機関との連携を図り，長期的な視点で生徒への教育的支援を行うために，個別の教育支援計画を作成し活用することに努めるとともに，各教科等の指導に当たって，

個々の生徒の実態を的確に把握し,個別の指導計画を作成し活用することに努めるものとする。特に,特別支援学級に在籍する生徒や通級による指導を受ける生徒については,個々の生徒の実態を的確に把握し,個別の教育支援計画や個別の指導計画を作成し,効果的に活用するものとする。
(2) 海外から帰国した生徒などの学校生活への適応や,日本語の習得に困難のある生徒に対する日本語指導
 ア 海外から帰国した生徒などについては,学校生活への適応を図るとともに,外国における生活経験を生かすなどの適切な指導を行うものとする。
 イ 日本語の習得に困難のある生徒については,個々の生徒の実態に応じた指導内容や指導方法の工夫を組織的かつ計画的に行うものとする。特に,通級による日本語指導については,教師間の連携に努め,指導についての計画を個別に作成することなどにより,効果的な指導に努めるものとする。
(3) 不登校生徒への配慮
 ア 不登校生徒については,保護者や関係機関と連携を図り,心理や福祉の専門家の助言又は援助を得ながら,社会的自立を目指す観点から,個々の生徒の実態に応じた情報の提供その他の必要な支援を行うものとする。
 イ 相当の期間中学校を欠席し引き続き欠席すると認められる生徒を対象として,文部科学大臣が認める特別の教育課程を編成する場合には,生徒の実態に配慮した教育課程を編成するとともに,個別学習やグループ別学習など指導方法や指導体制の工夫改善に努めるものとする。

付録2　特別支援学校小学部・中学部学習指導要領　第2章　中学部(抜粋)

第2章　各教科　第2節　中学部
第2款　知的障害者である生徒に対する教育を行う特別支援学校
第1　各教科の目標及び内容
〔国　語〕
1　目　標
　言葉による見方・考え方を働かせ,言語活動を通して,国語で理解し表現する資質・能力を次のとおり育成することを目指す。
　(1)　日常生活や社会生活に必要な国語について,その特質を理解し適切に使うことができるようにする。
　(2)　日常生活や社会生活における人との関わりの中で伝え合う力を高め,思考力や想像力を養う。
　(3)　言葉がもつよさに気付くとともに,言語感覚を養い,国語を大切にしてその能力の向上を図る態度を養う。

2　各段階の目標及び内容
○1段階
　(1)　目　標
　　ア　日常生活や社会生活に必要な国語の知識や技能を身に付けるとともに,我が国の言語文化に親しむことができるようにする。
　　イ　順序立てて考える力や感じたり想像したりする力を養い,日常生活や社会生活における人との関わりの中で伝え合う力を高め,自分の思いや考えをもつことができるようにする。
　　ウ　言葉がもつよさに気付くとともに,図書に親しみ,国語で考えたり伝え合ったりしようとする態度を養う。
　(2)　内　容
〔知識及び技能〕
ア　言葉の特徴や使い方に関する次の事項を身に付けることができるよう指導する。
　(ｱ)　身近な大人や友達とのやり取りを通して,言葉には,事物の内容を表す働きや,経験したことを伝える働きがあることに気付くこと。
　(ｲ)　発音や声の大きさに気を付けて話すこと。
　(ｳ)　長音,拗音,促音,撥音,助詞の正しい読み方や書き方を知ること。
　(ｴ)　言葉には,意味による語句のまとまりがあることを理解するとともに,話し方や書き方によって意味が異なる語句があることに気付くこと。
　(ｵ)　主語と述語との関係や接続する語句の役割を理解すること。
　(ｶ)　普通の言葉との違いに気を付けて,丁寧な言葉を使うこと。
　(ｷ)　語のまとまりに気を付けて音読すること。
イ　話や文章の中に含まれている情報の扱い方に関する次の事項を身に付けることができるよう指導する。
　(ｱ)　事柄の順序など,情報と情報との関係について理解すること。
ウ　我が国の言語文化に関する次の事項を身に付けることができるよう指導する。
　(ｱ)　自然や季節の言葉を取り入れた俳句などを聞いたり作ったりして,言葉の響きやリズムに親しむこと。

(イ) 挨拶状などに書かれた語句や文を読んだり書いたりし，季節に応じた表現があることを知ること。
 (ウ) 書くことに関する次の事項を取り扱うこと。
  ㋐ 姿勢や筆記用具の持ち方を正しくし，文字の形に注意しながら，丁寧に書くこと。
  ㋑ 点画相互の接し方や交わり方，長短や方向などに注意して文字を書くこと。
 (エ) 読書に親しみ，簡単な物語や，自然や季節などの美しさを表した詩や紀行文などがあることを知ること。
〔思考力，判断力，表現力等〕
A 聞くこと・話すこと
　聞くこと・話すことに関する次の事項を身に付けることができるよう指導する。
 ア 身近な人の話や簡単な放送などを聞き，聞いたことを書き留めたり分からないことを聞き返したりして，話の大体を捉えること。
 イ 話す事柄を思い浮かべ，伝えたいことを決めること。
 ウ 見聞きしたことや経験したこと，自分の意見などについて，内容の大体が伝わるように伝える順序等を考えること。
 エ 自己紹介や電話の受け答えなど，相手や目的に応じた話し方で話すこと。
 オ 相手の話に関心をもち，分かったことや感じたことを伝え合い，考えをもつこと。
B 書くこと
　書くことに関する次の事項を身に付けることができるよう指導する。
 ア 見聞きしたことや経験したことの中から，伝えたい事柄を選び，書く内容を大まかにまとめること。
 イ 相手に伝わるように事柄の順序に沿って簡単な構成を考えること。
 ウ 文の構成，語句の使い方に気を付けて書くこと。
 エ 自分が書いたものを読み返し，間違いを正すこと。
 オ 文章に対する感想をもち，伝え合うこと。
C 読むこと
　読むことに関する次の事項を身に付けることができるよう指導する。
 ア 簡単な文や文章を読み，情景や場面の様子，登場人物の心情などを想像すること。
 イ 語や語句の意味を基に時間的な順序や事柄の順序など内容の大体を捉えること。
 ウ 日常生活で必要な語句や文章などを読み，行動すること。
 エ 文章を読んで分かったことを伝えたり，感想をもったりすること。
○2段階
 (1) 目　標
  ア 日常生活や社会生活，職業生活に必要な国語の知識や技能を身に付けるとともに，我が国の言語文化に親しむことができるようにする。
  イ 筋道立てて考える力や豊かに感じたり想像したりする力を養い，日常生活や社会生活における人との関わりの中で伝え合う力を高め，自分の思いや考えをまとめることができるようにする。
  ウ 言葉がもつよさに気付くとともに，いろいろな図書に親しみ，国語を大切にして，思いや考えを伝え合おうとする態度を養う。
 (2) 内　容

〔知識及び技能〕
ア　言葉の特徴や使い方に関する次の事項を身に付けることができるよう指導する。
　(ア)　日常生活の中での周りの人とのやり取りを通して，言葉には，考えたことや思ったことを表す働きがあることに気付くこと。
　(イ)　発声や発音に気を付けたり，声の大きさを調節したりして話すこと。
　(ウ)　長音，拗音，促音，撥音などの表記や助詞の使い方を理解し，文や文章の中で使うこと。
　(エ)　理解したり表現したりするために必要な語句の量を増し，使える範囲を広げること。
　(オ)　修飾と被修飾との関係，指示する語句の役割について理解すること。
　(カ)　敬体と常体があることを理解し，その違いに注意しながら書くこと。
　(キ)　内容の大体を意識しながら音読すること。
イ　話や文章の中に含まれている情報の扱い方に関する次の事項を身に付けることができるよう指導する。
　(ア)　考えとそれを支える理由など，情報と情報との関係について理解すること。
　(イ)　必要な語や語句の書き留め方や，比べ方などの情報の整理の仕方を理解し使うこと。
ウ　我が国の言語文化に関する次の事項を身に付けることができるよう指導する。
　(ア)　易しい文語調の短歌や俳句を音読したり暗唱したりするなどして，言葉の響きやリズムに親しむこと。
　(イ)　生活に身近なことわざなどを知り，使うことにより様々な表現に親しむこと。
　(ウ)　書くことに関する次の事項を取り扱うこと。
　　㋐　点画の書き方や文字の形に注意しながら，筆順に従って丁寧に書くこと。
　　㋑　漢字や仮名の大きさ，配列に注意して書くこと。
　(エ)　幅広く読書に親しみ，本にはいろいろな種類があることを知ること。

〔思考力，判断力，表現力等〕
A　聞くこと・話すこと
　聞くこと・話すことに関する次の事項を身に付けることができるよう指導する。
　ア　身近な人の話や放送などを聞きながら，聞いたことを簡単に書き留めたり，分からないときは聞き返したりして，内容の大体を捉えること。
　イ　相手や目的に応じて，自分の伝えたいことを明確にすること。
　ウ　見聞きしたことや経験したこと，自分の意見やその理由について，内容の大体が伝わるように伝える順序や伝え方を考えること。
　エ　相手に伝わるように発音や声の大きさ，速さに気を付けて話したり，必要な話し方を工夫したりすること。
　オ　物事を決めるために，簡単な役割や進め方に沿って話し合い，考えをまとめること。
B　書くこと
　書くことに関する次の事項を身に付けることができるよう指導する。
　ア　相手や目的を意識して，見聞きしたことや経験したことの中から書くことを選び，伝えたいことを明確にすること。
　イ　書く内容の中心を決め，自分の考えと理由などとの関係を明確にして，文章の構成を考えること。
　ウ　事実と自分の考えとの違いなどが相手に伝わるように書き表し方を工夫すること。
　エ　文章を読み返す習慣を身に付け，間違いを正したり，語と語との続き方を確かめたりする

    こと。
  オ 文章に対する感想を伝え合い，内容や表現のよいところを見付けること。
 C 読むこと
   読むことに関する次の事項を身に付けることができるよう指導する。
  ア 様々な読み物を読み，情景や場面の様子，登場人物の心情などを想像すること。
  イ 語と語や文と文との関係を基に，出来事の順序や気持ちの変化など内容の大体を捉えること。
  ウ 日常生活や社会生活，職業生活に必要な語句，文章，表示などの意味を読み取り，行動すること。
  エ 中心となる語句や文を明確にしながら読むこと。
  オ 読んで感じたことや分かったことを伝え合い，一人一人の感じ方などに違いがあることに気付くこと。

3 指導計画の作成と内容の取扱い
 (1) 指導計画の作成に当たっては，次の事項に配慮するものとする。
  ア 単元など内容や時間のまとまりを見通して，その中で育む資質・能力の育成に向けて，生徒の主体的・対話的で深い学びの実現を図るようにすること。その際，言葉による見方・考え方を働かせ，言語活動を通して，言葉の特徴や使い方などを身に付け自分の思いや考えを深める学習の充実を図ること。
  イ 2の各段階の内容の〔知識及び技能〕に示す事項については，〔思考力，判断力，表現力等〕に示す事項の指導を通して指導することを基本とすること。
  ウ 2の各段階の内容の〔思考力，判断力，表現力等〕の「A聞くこと・話すこと」に関する指導については，生活に必要な話し言葉を身に付け，活用できるよう指導すること。
  エ 2の各段階の内容の〔思考力，判断力，表現力等〕の「B書くこと」に関する指導については，筆記具を用いる技能の指導に偏ることなく，文章を書く場面を設けるよう工夫すること。
  オ 2の各段階の内容の〔思考力，判断力，表現力等〕の「C読むこと」に関する指導については，発達の段階に応じた様々な文章に接し，日常生活において読書活動を活発に行うようにするとともに，他教科等における読書の指導や学校図書館等における指導との関連を図るようにすること。
 (2) 2の各段階の内容の取扱いについては，次の事項に配慮するものとする。
  ア 2の各段階の内容のうち，文字に関する事項については，次のとおり取り扱うこと。
   (ｱ) 生活場面や関わる相手が多様になることに応じて，平仮名，片仮名，漢字に加えてローマ字などの文字を取り扱うようにすること。
   (ｲ) これまでに学習した句読点の使い方や長音，撥音などの表記について，中学部においても正しくより適切に用いることができるよう引き続き指導すること。
  イ 2の内容の指導に当たっては，学校図書館などを目的をもって計画的に利用しその機能の活用を図るようにすること。その際，本などの種類や配置，探し方について指導するなど，生徒が必要な本を選ぶことができるよう配慮すること。
  ウ 教材の取扱いについては，次の事項に留意すること。
   (ｱ) 生徒の障害の状態や特性及び心身の発達の段階等に応じ，興味・関心のある話題や身

近な題材から,日常生活や社会生活及び職業生活に関連する題材まで,様々な種類や形式の文,文章を取り扱う機会を設けること。
   (イ) 読み物教材としては,登場人物の行動や言葉から心情を読み取りやすいものや,情景が思い浮かびやすいものを選ぶこと。また,生徒の生活範囲が広がり,生活する力が高まるような内容の教材を選ぶこと。

〔社　会〕
1　目　標
　社会的な見方・考え方を働かせ,社会的事象について関心をもち,具体的に考えたり関連付けたりする活動を通して,自立し生活を豊かにするとともに,平和で民主的な国家及び社会の形成者に必要な公民としての資質・能力の基礎を次のとおり育成することを目指す。
(1) 地域や我が国の国土の地理的環境,現代社会の仕組みや役割,地域や我が国の歴史や伝統と文化及び外国の様子について,具体的な活動や体験を通して理解するとともに,経験したことと関連付けて,調べまとめる技能を身に付けるようにする。
(2) 社会的事象について,自分の生活と結び付けて具体的に考え,社会との関わりの中で,選択・判断したことを適切に表現する力を養う。
(3) 社会に主体的に関わろうとする態度を養い,地域社会の一員として人々と共に生きていくことの大切さについての自覚を養う。

2　各段階の目標及び内容
○１段階
(1) 目　標
　日常生活に関わる社会的事象が分かり,地域社会の一員としての資質・能力の基礎を次のとおり育成することを目指す。
　ア　身近な地域や市区町村の地理的環境,地域の安全を守るための諸活動,地域の産業と消費生活の様子及び身近な地域の様子の移り変わり並びに社会生活に必要なきまり,公共施設の役割及び外国の様子について,具体的な活動や体験を通して,自分との関わりが分かるとともに,調べまとめる技能を身に付けるようにする。
　イ　社会的事象について,自分の生活や地域社会と関連付けて具体的に考えたことを表現する基礎的な力を養う。
　ウ　身近な社会に自ら関わろうとする意欲をもち,地域社会の中で生活することの大切さについての自覚を養う。
(2) 内　容
　ア　社会参加ときまり
　　(ｱ)　社会参加するために必要な集団生活に関わる学習活動を通して,次の事項を身に付けることができるよう指導する。
　　　㋐　学級や学校の中で,自分の意見を述べたり相手の意見を聞いたりするなど,集団生活の中での役割を果たすための知識や技能を身に付けること。
　　　㋑　集団生活の中で何が必要かに気付き,自分の役割を考え,表現すること。
　　(ｲ)　社会生活に必要なきまりに関わる学習活動を通して,次の事項を身に付けることができるよう指導する。

　　　　㋐　家庭や学校でのきまりを知り，生活の中でそれを守ることの大切さが分かること。
　　　　㋑　社会生活ときまりとの関連を考え，表現すること。
　イ　公共施設と制度
　　(ｱ)　公共施設の役割に関わる学習活動を通して，次の事項を身に付けることができるよう指導する。
　　　　㋐　身近な公共施設や公共物の役割が分かること。
　　　　㋑　公共施設や公共物について調べ，それらの役割を考え，表現すること。
　　(ｲ)　制度の仕組みに関わる学習活動を通して，次の事項を身に付けることができるよう指導する。
　　　　㋐　身近な生活に関する制度が分かること。
　　　　㋑　身近な生活に関する制度について調べ，自分との関わりを考え，表現すること。
　ウ　地域の安全
　　(ｱ)　地域の安全に関わる学習活動を通して，次の事項を身に付けることができるよう指導する。
　　　　㋐　地域の安全を守るため，関係機関が地域の人々と協力していることが分かること。
　　　　㋑　地域における災害や事故に対する施設・設備などの配置，緊急時への備えや対応などに着目して，関係機関や地域の人々の諸活動を捉え，そこに関わる人々の働きを考え，表現すること。
　エ　産業と生活
　　(ｱ)　仕事と生活に関わる学習活動を通して，次の事項を身に付けることができるよう指導する。
　　　　㋐　生産の仕事は，地域の人々の生活と密接な関わりをもって行われていることが分かること。
　　　　㋑　仕事の種類や工程などに着目して，生産に携わっている人々の仕事の様子を捉え，地域の人々の生活との関連を考え，表現すること。
　　(ｲ)　身近な産業と生活に関わる学習活動を通して，次の事項を身に付けることができるよう指導する。
　　　　㋐　販売の仕事は，消費者のことを考え，工夫して行われていることが分かること。
　　　　㋑　消費者の願いや他地域との関わりなどに着目して，販売の仕事に携わっている人々の仕事の様子を捉え，それらの仕事に見られる工夫を考え，表現すること。
　オ　我が国の地理や歴史
　　(ｱ)　身近な地域や市区町村（以下第2章第2節第2款において「市」という。）の様子に関わる学習活動を通して，次の事項を身に付けることができるよう指導する。
　　　　㋐　身近な地域や自分たちの市の様子が分かること。
　　　　㋑　都道府県（以下第2章第2節第2款第1〔社会〕(2)内容において「県」という。）内における市の位置や市の地形，土地利用などに着目して，身近な地域や市の様子を捉え，場所による違いを考え，表現すること。
　　(ｲ)　身近な地域の移り変わりに関わる学習活動を通して，次の事項を身に付けることができるよう指導する。
　　　　㋐　身近な地域や自分たちの市の様子，人々の生活は，時間とともに移り変わってきたことを知ること。

㋑　交通や人口，生活の道具などの時期による違いに着目して，市や人々の生活の様子を捉え，それらの変化を考え，表現すること。
　カ　外国の様子
　　(ｱ)　世界の中の日本と国際交流に関わる学習活動を通して，次の事項を身に付けることができるよう指導する。
　　　㋐　文化や風習の特徴や違いを知ること。
　　　㋑　そこに暮らす人々の生活などに着目して，日本との違いを考え，表現すること。
○2段階
(1)　目　標
　日常生活に関わる社会的事象について理解し，地域社会の一員としての資質・能力の基礎を次のとおり育成することを目指す。
　ア　自分たちの都道府県の地理的環境の特色，地域の人々の健康と生活環境を支える役割，自然災害から地域の安全を守るための諸活動及び地域の伝統と文化並びに社会参加するためのきまり，社会に関する基本的な制度及び外国の様子について，具体的な活動や体験を通して，人々の生活との関連を踏まえて理解するとともに，調べまとめる技能を身に付けるようにする。
　イ　社会的事象について，自分の生活や地域社会と関連付けて具体的に考えたことを表現する力を養う。
　ウ　社会に自ら関わろうとする意欲をもち，地域社会の中で生活することの大切さについての自覚を養う。
(2)　内　容
　ア　社会参加ときまり
　　(ｱ)　社会参加するために必要な集団生活に関わる学習活動を通して，次の事項を身に付けることができるよう指導する。
　　　㋐　学級や学校の中で，意見を述べ合い，助け合い，協力しながら生活する必要性を理解し，そのための知識や技能を身に付けること。
　　　㋑　周囲の状況を判断し，集団生活の中での自分の役割と責任について考え，表現すること。
　　(ｲ)　社会生活に必要なきまりに関わる学習活動を通して，次の事項を身に付けることができるよう指導する。
　　　㋐　家庭や学校，地域社会でのきまりは，社会生活を送るために必要であることを理解すること。
　　　㋑　社会生活に必要なきまりの意義について考え，表現すること。
　イ　公共施設と制度
　　(ｱ)　公共施設の役割に関わる学習活動を通して，次の事項を身に付けることができるよう指導する。
　　　㋐　自分の生活の中での公共施設や公共物の役割とその必要性を理解すること。
　　　㋑　公共施設や公共物の役割について調べ，生活の中での利用を考え，表現すること。
　　(ｲ)　制度の仕組みに関わる学習活動を通して，次の事項を身に付けることができるよう指導する。
　　　㋐　社会に関する基本的な制度について理解すること。

④　社会に関する基本的な制度について調べ，それらの意味を考え，表現すること。
　ウ　地域の安全
　　(ア)　地域の安全に関わる学習活動を通して，次の事項を身に付けることができるよう指導する。
　　　⑦　地域の関係機関や人々は，過去に発生した地域の自然災害や事故に対し，様々な協力をして対処してきたことや，今後想定される災害に対し，様々な備えをしていることを理解すること。
　　　④　過去に発生した地域の自然災害や事故，関係機関の協力などに着目して，危険から人々を守る活動と働きを考え，表現すること。
　エ　産業と生活
　　(ア)　県内の特色ある地域に関わる学習活動を通して，次の事項を身に付けることができるよう指導する。
　　　⑦　地域では，人々が協力し，産業の発展に努めていることを理解すること。
　　　④　人々の活動や産業の歴史的背景などに着目して，地域の様子を捉え，それらの特色を考え，表現すること。
　　(イ)　生活を支える事業に関わる学習活動を通して，次の事項を身に付けることができるよう指導する。
　　　⑦　水道，電気及びガスなどの生活を支える事業は，安全で安定的に供給や処理できるよう実施されていることや，地域の人々の健康な生活の維持と向上に役立っていることを理解すること。
　　　④　供給や処理の仕組みや関係機関の協力などに着目して，水道，電気及びガスなどの生活を支える事業の様子を捉え，それらの事業が果たす役割を考え，表現すること。
　オ　我が国の地理や歴史
　　(ア)　身近な地域に関わる学習活動を通して，次の事項を身に付けることができるよう指導する。
　　　⑦　自分たちの県の概要を理解すること。
　　　④　我が国における自分たちの県の位置，県全体の地形などに着目して，県の様子を捉え，地理的環境の特色を考え，表現すること。
　　(イ)　県内の伝統や文化，先人の働きや出来事に関わる学習活動を通して，次の事項を身に付けることができるよう指導する。
　　　⑦　県内の主な歴史を手掛かりに，先人の働きや出来事，文化遺産などを知ること。
　　　④　歴史的背景や現在に至る経緯などに着目し，県内の文化財や年中行事の様子を捉え，それらの特色を考え，表現すること。
　カ　外国の様子
　　(ア)　世界の中の日本と国際交流に関わる学習活動を通して，次の事項を身に付けることができるよう指導する。
　　　⑦　文化や風習の特徴や違いを理解すること。
　　　④　人々の生活や習慣などに着目して，多様な文化について考え，表現すること。
　　(イ)　世界の様々な地域に関わる学習活動を通して，次の事項を身に付けることができるよう指導する。
　　　⑦　人々の生活の様子を大まかに理解すること。

㋑　世界の出来事などに着目して，それらの国の人々の生活の様子を捉え，交流することの大切さを考え，表現すること。

3　指導計画の作成と内容の取扱い
(1) 指導計画の作成に当たっては，次の事項に配慮するものとする。
　ア　単元など内容や時間のまとまりを見通して，その中で育む資質・能力の育成に向けて，生徒の主体的・対話的で深い学びの実現を図るようにすること。その際，生活に即した具体的で分かりやすい内容を取り上げ，社会的事象の見方・考え方を働かせ，事象の特色や意味などを考え，説明したり表現したりするなど，自ら意欲的に取り組むことのできる活動の充実を図ること。
　イ　各教科等との関連を図り，指導の効果を高めるようにするとともに，小学部の生活科の学習との関連を踏まえて，系統的・発展的に指導できるようにすること。
　ウ　コンピュータや情報通信ネットワークなどを活用して，情報の収集やまとめなどを行うようにすること。
(2) 2の各段階の内容の取扱いについては，次の事項に配慮するものとする。
　ア　各学校においては，地域の実態を生かして，生徒が興味・関心をもって学習に取り組めるようにするとともに，観察や見学，聞き取りなどの調査活動を含む具体的な体験を伴う学習を通し，自分の生活と結び付けて考えたことをまとめることで知識が深まるようにすること。
　イ　2の内容については，次の事項について配慮するものとする。
　　(ア) アについては，集団生活を送る上で必要とされる人との関わりやきまりを守ることについて理解できるようにするとともに，主体的に社会参加するための基礎的な力を養うこと。
　　(イ) イについては，身近な公共施設を取り上げ，その役割や利用できる制度を知ることで，よりよい社会生活を送ることができるようにすること。
　　(ウ) ウについては，地域の実態に応じて，地震災害，津波災害，風水害，火山災害，雪害などの中から取り上げ，地域や自分自身の安全を守るために自分たちにできることなどを考えたり選択・判断したりできるようにすること。
　　(エ) エについては，身近な仕事を通して生産や販売について関心をもつこと。また，生活を支える事業について取り扱うことで，節水や節電の必要性を感じて取り組もうとすること。
　　(オ) オについては，地図の扱いに慣れるようにすること。また，主な文化財や年中行事の中から具体的事例を取り上げ，その特色が大まかに分かるようにすること。
　　(カ) カについては，我が国や諸外国には国旗があることを理解し，それを尊重する態度を養うようにすること。

〔数学〕
1　目　標
　　数学的な見方・考え方を働かせ，数学的活動を通して，数学的に考える資質・能力を次のとおり育成することを目指す。
(1) 数量や図形などについての基礎的・基本的な概念や性質などを理解し，事象を数理的に処

理する技能を身に付けるようにする。
(2) 日常の事象を数理的に捉え見通しをもち筋道を立てて考察する力，基礎的・基本的な数量や図形の性質などを見いだし統合的・発展的に考察する力，数学的な表現を用いて事象を簡潔・明瞭・的確に表現する力を養う。
(3) 数学的活動の楽しさや数学のよさに気付き，学習を振り返ってよりよく問題を解決しようとする態度，数学で学んだことを生活や学習に活用しようとする態度を養う。

2 各段階の目標及び内容
○1段階
  (1) 目 標
    A 数と計算
      ア 3位数程度の整数の概念について理解し，数に対する感覚を豊かにするとともに，加法，減法及び乗法の意味や性質について理解し，これらを計算することについての技能を身に付けるようにする。
      イ 数とその表現や数の関係に着目し，具体物や図などを用いて，数の表し方や計算の仕方などを筋道立てて考えたり，関連付けて考えたりする力を養う。
      ウ 数量に進んで関わり，数学的に表現・処理するとともに，数学で学んだことのよさに気付き，そのことを生活や学習に活用しようとする態度を養う。
    B 図形
      ア 三角形や四角形，箱の形などの基本的な図形について理解し，図形についての感覚を豊かにするとともに，図形を作図したり，構成したりすることなどについての技能を身に付けるようにする。
      イ 三角形や四角形，箱の形などの基本的な図形を構成する要素に着目して，平面図形の特徴を捉えたり，身の回りの事象を図形の性質から関連付けて考えたりする力を養う。
      ウ 図形に進んで関わり，数学的に表現・処理するとともに，数学で学んだことのよさに気付き，そのことを生活や学習に活用しようとする態度を養う。
    C 測定
      ア 身の回りにある長さ，体積，重さ及び時間の単位と測定の意味について理解し，量の大きさについての感覚を豊かにするとともに，それらを測定することについての技能を身に付けるようにする。
      イ 身の回りの事象を量に着目して捉え，量の単位を用いて的確に表現する力を養う。
      ウ 数量や図形に進んで関わり，数学的に表現・処理するとともに，数学で学んだことのよさに気付き，そのことを生活や学習に活用しようとする態度を養う。
    D データの活用
      ア 身の回りにあるデータを分類整理して簡単な表やグラフに表したり，それらを問題解決において用いたりすることについての技能を身に付けるようにする。
      イ 身の回りの事象を，データの特徴に着目して捉え，簡潔に表現したり，考察したりする力を養う。
      ウ データの活用に進んで関わり，数学的に表現・処理するとともに，数学で学んだことのよさに気付き，そのことを生活や学習に活用しようとする態度を養う。
  (2) 内 容

A　数と計算
　ア　整数の表し方に関わる数学的活動を通して，次の事項を身に付けることができるよう指導する。
　　(ア)　次のような知識及び技能を身に付けること。
　　　㋐　1000までの数をいくつかの同じまとまりに分割したうえで数えたり，分類して数えたりすること。
　　　㋑　3位数の表し方について理解すること。
　　　㋒　数を十や百を単位としてみるなど，数の相対的な大きさについて理解すること。
　　　㋓　3位数の数系列，順序，大小について，数直線上の目盛りを読んで理解したり，数を表したりすること。
　　　㋔　一つの数をほかの数の積としてみるなど，ほかの数と関係付けてみること。
　　(イ)　次のような思考力，判断力，表現力等を身に付けること。
　　　㋐　数のまとまりに着目し，考察する範囲を広げながら数の大きさの比べ方や数え方を考え，日常生活で生かすこと。
　イ　整数の加法及び減法に関わる数学的活動を通して，次の事項を身に付けることができるよう指導する。
　　(ア)　次のような知識及び技能を身に付けること。
　　　㋐　2位数の加法及び減法について理解し，その計算ができること。また，それらの筆算の仕方について知ること。
　　　㋑　簡単な場合について3位数の加法及び減法の計算の仕方を知ること。
　　　㋒　加法及び減法に関して成り立つ性質について理解すること。
　　　㋓　計算機を使って，具体的な生活場面における簡単な加法及び減法の計算ができること。
　　(イ)　次のような思考力，判断力，表現力等を身に付けること。
　　　㋐　数量の関係に着目し，数を適用する範囲を広げ，計算に関して成り立つ性質や計算の仕方を見いだすとともに，日常生活で生かすこと。
　ウ　整数の乗法に関わる数学的活動を通して，次の事項を身に付けることができるよう指導する。
　　(ア)　次のような知識及び技能を身に付けること。
　　　㋐　乗法が用いられる場合や意味について知ること。
　　　㋑　乗法が用いられる場面を式に表したり，式を読み取ったりすること。
　　　㋒　乗法に関して成り立つ簡単な性質について理解すること。
　　　㋓　乗法九九について知り，1位数と1位数との乗法の計算ができること。
　　(イ)　次のような思考力，判断力，表現力等を身に付けること。
　　　㋐　数量の関係に着目し，計算に関して成り立つ性質や計算の仕方を見いだすとともに，日常生活で生かすこと。
B　図形
　ア　図形に関わる数学的活動を通して，次の事項を身に付けることができるよう指導する。
　　(ア)　次のような知識及び技能を身に付けること。
　　　㋐　直線について知ること。
　　　㋑　三角形や四角形について知ること。

㋒　正方形，長方形及び直角三角形について知ること。
　　　㋓　正方形や長方形で捉えられる箱の形をしたものについて理解し，それらを構成したり，分解したりすること。
　　　㋔　直角，頂点，辺及び面という用語を用いて図形の性質を表現すること。
　　　㋕　基本的な図形が分かり，その図形をかいたり，簡単な図表を作ったりすること。
　　　㋖　正方形，長方形及び直角三角形をかいたり，作ったり，それらを使って平面に敷き詰めたりすること。
　　(イ)　次のような思考力，判断力，表現力等を身に付けること。
　　　㋐　図形を構成する要素に着目し，構成の仕方を考えるとともに，図形の性質を見いだし，身の回りのものの形を図形として捉えること。
C　測定
　ア　量の単位と測定に関わる数学的活動を通して，次の事項を身に付けることができるよう指導する。
　　(ア)　次のような知識及び技能を身に付けること。
　　　㋐　目盛の原点を対象の端に当てて測定すること。
　　　㋑　長さの単位［ミリメートル（mm），センチメートル（cm），メートル（m），キロメートル（km）］や重さの単位［グラム（g），キログラム（kg）］について知り，測定の意味を理解すること。
　　　㋒　かさの単位［ミリリットル（mL），デシリットル（dL），リットル（L）］について知り，測定の意味を理解すること。
　　　㋓　長さ，重さ及びかさについて，およその見当を付け，単位を選択したり，計器を用いて測定したりすること。
　　(イ)　次のような思考力，判断力，表現力等を身に付けること。
　　　㋐　身の回りのものの特徴に着目し，目的に適した単位で量の大きさを表現したり，比べたりすること。
　イ　時刻や時間に関わる数学的活動を通して，次の事項を身に付けることができるよう指導する。
　　(ア)　次のような知識及び技能を身に付けること。
　　　㋐　時間の単位（秒）について知ること。
　　　㋑　日常生活に必要な時刻や時間を求めること。
　　(イ)　次のような思考力，判断力，表現力等を身に付けること。
　　　㋐　時間の単位に着目し，簡単な時刻や時間の求め方を日常生活に生かすこと。
D　データの活用
　ア　身の回りにあるデータを簡単な表やグラフで表したり，読み取ったりすることに関わる数学的活動を通して，次の事項を身に付けることができるよう指導する。
　　(ア)　次のような知識及び技能を身に付けること。
　　　㋐　身の回りにある数量を簡単な表やグラフに表したり，読み取ったりすること。
　　(イ)　次のような思考力，判断力，表現力等を身に付けること。
　　　㋐　身の回りの事象に関するデータを整理する観点に着目し，簡単な表やグラフを用いながら読み取ったり，考察したりすること。

〔数学的活動〕
ア 内容の「A数と計算」,「B図形」,「C測定」及び「Dデータの活用」に示す学習については,次のような数学的活動に取り組むものとする。
(ア) 日常生活の事象から見いだした数学の問題を,具体物や図,式などを用いて解決し,結果を確かめたり,日常生活に生かしたりする活動
(イ) 問題解決した過程や結果を,具体物や図,式などを用いて表現し伝え合う活動
○2段階
(1) 目 標
　A 数と計算
　　ア 整数の概念や性質について理解を深め,数に対する感覚を豊かにするとともに,加法,減法,乗法及び除法の意味や性質について理解し,それらの計算ができるようにする。また,小数及び分数の意味や表し方について知り,数量とその関係を表したり読み取ったりすることができるようにすることについての技能を身に付けるようにする。
　　イ 数を構成する単位に着目して,数の表し方やその数について考えたり,扱う数の範囲を広げ,計算の仕方を見いだし,筋道立てて考えたりするとともに,日常生活の問題場面を数量に着目して捉え,処理した結果を場面をもとに振り返り,解釈及び判断する力を養う。
　　ウ 数量に進んで関わり,数学的に表現・処理するとともに,数学で学んだことのよさを理解し,そのことを生活や学習に活用しようとする態度を養う。
　B 図形
　　ア 二等辺三角形や正三角形などの基本的な図形や面積,角の大きさについて理解し,図形についての感覚を豊かにするとともに,図形を作図や構成したり,図形の面積や角の大きさを求めたりすることなどについての技能を身に付けるようにする。
　　イ 二等辺三角形や正三角形などの基本的な図形を構成する要素に着目して,平面図形の特徴を捉えたり,身の回りの事象を図形の性質から考察したりする力,図形を構成する要素に着目し,図形の計量について考察する力を養う。
　　ウ 図形や数量に進んで関わり,数学的に表現・処理するとともに,数学で学んだことのよさを理解し,そのことを生活や学習に活用しようとする態度を養う。
　C 変化と関係
　　ア 二つの数量の関係や変化の様子を表や式,グラフで表すことについて理解するとともに,二つの数量の関係を割合によって比べることについての技能を身に付けるようにする。
　　イ 伴って変わる二つの数量の関係に着目し,変化の特徴に気付き,二つの数量の関係を表や式,グラフを用いて考察したり,割合を用いて考察したりする力を養う。
　　ウ 数量に進んで関わり,数学的に表現・処理するとともに,数学で学んだことのよさを理解し,そのことを生活や学習に活用しようとする態度を養う。
　D データの活用
　　ア データを表や棒グラフ,折れ線グラフで表す表し方や読み取り方を理解し,それらを問題解決における用い方についての技能を身に付けるようにする。
　　イ 身の回りの事象について整理されたデータの特徴に着目し,事象を簡潔に表現したり,適切に判断したりする力を養う。

ウ　データの活用に進んで関わり，数学的に表現・処理するとともに，数学で学んだことのよさを理解し，そのことを生活や学習に活用しようとする態度を養う。
(2) 内　容
　A　数と計算
　　ア　整数の表し方に関わる数学的活動を通して，次の事項を身に付けることができるよう指導する。
　　　(ｱ)　次のような知識及び技能を身に付けること。
　　　　㋐　4位数までの十進位取り記数法による数の表し方及び数の大小や順序について，理解すること。
　　　　㋑　10倍，100倍，$\frac{1}{10}$の大きさの数及びその表し方について知ること。
　　　　㋒　数を千を単位としてみるなど，数の相対的な大きさについて理解を深めること。
　　　(ｲ)　次のような思考力，判断力，表現力等を身に付けること。
　　　　㋐　数のまとまりに着目し，考察する範囲を広げながら数の大きさの比べ方や数え方を考え，日常生活で生かすこと。
　　イ　整数の加法及び減法に関わる数学的活動を通して，次の事項を身に付けることができるよう指導する。
　　　(ｱ)　次のような知識及び技能を身に付けること。
　　　　㋐　3位数や4位数の加法及び減法の計算の仕方について理解し，計算ができること。また，それらの筆算についての仕方を知ること。
　　　　㋑　加法及び減法に関して成り立つ性質を理解すること。
　　　　㋒　計算機を使って，具体的な生活場面における加法及び減法の計算ができること。
　　　(ｲ)　次のような思考力，判断力，表現力等を身に付けること。
　　　　㋐　数量の関係に着目し，数の適用範囲を広げ，計算に関して成り立つ性質や計算の仕方を見いだすとともに，日常生活で生かすこと。
　　ウ　整数の乗法に関わる数学的活動を通して，次の事項を身に付けることができるよう指導する。
　　　(ｱ)　次のような知識及び技能を身に付けること。
　　　　㋐　1位数と1位数との乗法の計算ができ，それを適切に用いること。
　　　　㋑　交換法則や分配法則といった乗法に関して成り立つ性質を理解すること。
　　　(ｲ)　次のような思考力，判断力，表現力等を身に付けること。
　　　　㋐　数量の関係に着目し，計算に関して成り立つ性質や計算の仕方を見いだすとともに，日常生活で生かすこと。
　　エ　整数の除法に関わる数学的活動を通して，次の事項を身に付けることができるよう指導する。
　　　(ｱ)　次のような知識及び技能を身に付けること。
　　　　㋐　除法が用いられる場合や意味について理解すること。
　　　　㋑　除法が用いられる場面を式に表したり，式を読み取ったりすること。
　　　　㋒　除法と乗法との関係について理解すること。
　　　　㋓　除数と商が共に1位数である除法の計算ができること。
　　　　㋔　余りについて知り，余りの求め方が分かること。
　　　(ｲ)　次のような思考力，判断力，表現力等を身に付けること。

　　　　⑦　数量の関係に着目し，計算に関して成り立つ性質や計算の仕方を見いだすとともに，日常生活に生かすこと。
　　オ　小数の表し方に関わる数学的活動を通して，次の事項を身に付けることができるよう指導する。
　　　(ア)　次のような知識及び技能を身に付けること。
　　　　⑦　端数部分の大きさを表すのに小数を用いることを知ること。
　　　　④　$\frac{1}{10}$の位までの小数の仕組みや表し方について理解すること。
　　　(イ)　次のような思考力，判断力，表現力等を身に付けること。
　　　　⑦　数のまとまりに着目し，数の表し方の適用範囲を広げ，日常生活に生かすこと。
　　カ　分数の表し方に関わる数学的活動を通して，次の事項を身に付けることができるよう指導する。
　　　(ア)　次のような知識及び技能を身に付けること。
　　　　⑦　$\frac{1}{2}$，$\frac{1}{4}$など簡単な分数について知ること。
　　　(イ)　次のような思考力，判断力，表現力等を身に付けること。
　　　　⑦　数のまとまりに着目し，数の表し方の適用範囲を広げ，日常生活に生かすこと。
　　キ　数量の関係を表す式に関わる数学的活動を通して，次の事項を身に付けることができるよう指導する。
　　　(ア)　次のような知識及び技能を身に付けること。
　　　　⑦　数量の関係を式に表したり，式と図を関連付けたりすること。
　　　　④　□などを用いて数量の関係を式に表すことができることを知ること。
　　　　⑨　□などに数を当てはめて調べること。
　　　(イ)　次のような思考力，判断力，表現力等を身に付けること。
　　　　⑦　数量の関係に着目し，事柄や関係を式や図を用いて簡潔に表したり，式と図を関連付けて式を読んだりすること。
　B　図形
　　ア　図形に関わる数学的活動を通して，次の事項を身に付けることができるよう指導する。
　　　(ア)　次のような知識及び技能を身に付けること。
　　　　⑦　二等辺三角形，正三角形などについて知り，作図などを通してそれらの関係に着目すること。
　　　　④　二等辺三角形や正三角形を定規とコンパスなどを用いて作図すること。
　　　　⑨　基本的な図形と関連して角について知ること。
　　　　㊤　直線の平行や垂直の関係について理解すること。
　　　　㊥　円について，中心，半径及び直径を知ること。また，円に関連して，球についても直径などを知ること。
　　　(イ)　次のような思考力，判断力，表現力等を身に付けること。
　　　　⑦　図形を構成する要素及びそれらの位置関係に着目し，構成の仕方を考察して，図形の性質を見いだすとともに，その性質を基に既習の図形を捉え直すこと。
　　イ　面積に関わる数学的活動を通して，次の事項を身に付けることができるよう指導する。
　　　(ア)　次のような知識及び技能を身に付けること。
　　　　⑦　面積の単位［平方センチメートル（cm^2），平方メートル（m^2），平方キロメートル（km^2）］について知り，測定の意味について理解すること。

　　　　㋐　正方形及び長方形の面積の求め方について知ること。
　　　㈤　次のような思考力，判断力，表現力等を身に付けること。
　　　　㋐　面積の単位に着目し，図形の面積について，求め方を考えたり，計算して表したりすること。
　　ウ　角の大きさに関わる数学的活動を通して，次の事項を身に付けることができるよう指導する。
　　　㈣　次のような知識及び技能を身に付けること。
　　　　㋐　角の大きさを回転の大きさとして捉えること。
　　　　㋑　角の大きさの単位（度（°））について知り，測定の意味について理解すること。
　　　　㋒　角の大きさを測定すること。
　　　㈤　次のような思考力，判断力，表現力等を身に付けること。
　　　　㋐　角の大きさの単位に着目し，図形の角の大きさを的確に表現して比較したり，図形の考察に生かしたりすること。
C　変化と関係
　ア　伴って変わる二つの数量に関わる数学的活動を通して，次の事項を身に付けることができるよう指導する。
　　㈣　次のような知識及び技能を身に付けること。
　　　㋐　変化の様子を表や式を用いて表したり，変化の特徴を読み取ったりすること。
　　㈤　次のような思考力，判断力，表現力等を身に付けること。
　　　㋐　伴って変わる二つの数量の関係に着目し，表や式を用いて変化の特徴を考察すること。
　イ　二つの数量の関係に関わる数学的活動を通して，次の事項を身に付けることができるよう指導する。
　　㈣　次のような知識及び技能を身に付けること。
　　　㋐　簡単な場合について，ある二つの数量の関係と別の二つの数量の関係とを比べる場合に割合を用いる場合があることを知ること。
　　㈤　次のような思考力，判断力，表現力等を身に付けること。
　　　㋐　日常生活における数量の関係に着目し，図や式を用いて，二つの数量の関係を考察すること。
D　データの活用
　ア　データを表やグラフで表したり，読み取ったりすることに関わる数学的活動を通して，次の事項を身に付けることができるよう指導する。
　　㈣　次のような知識及び技能を身に付けること。
　　　㋐　データを日時や場所などの観点から分類及び整理し，表や棒グラフで表したり，読んだりすること。
　　　㋑　データを二つの観点から分類及び整理し，折れ線グラフで表したり，読み取ったりすること。
　　　㋒　表や棒グラフ，折れ線グラフの意味やその用い方を理解すること。
　　㈤　次のような思考力，判断力，表現力等を身に付けること。
　　　㋐　身の回りの事象に関するデータを整理する観点に着目し，表や棒グラフを用いながら，読み取ったり，考察したり，結論を表現したりすること。

㋑　目的に応じてデータを集めて分類及び整理し，データの特徴や傾向を見付けて，適切なグラフを用いて表現したり，考察したりすること。
　〔数学的活動〕
　ア　内容の「A数と計算」，「B図形」，「C変化と関係」及び「Dデータの活用」に示す学習については，次のような数学的活動に取り組むものとする。
　　(ア)　身の回りの事象を観察したり，具体物を操作したりして，数学の学習に関わる活動
　　(イ)　日常の事象から見いだした数学の問題を，具体物や図，表及び式などを用いて解決し，結果を確かめたり，日常生活に生かしたりする活動
　　(ウ)　問題解決した過程や結果を，具体物や図，表，式などを用いて表現し伝え合う活動

3　指導計画の作成と内容の取扱い
(1)　指導計画の作成に当たっては，次の事項に配慮するものとする。
　ア　単元など内容や時間のまとまりを見通して，その中で育むべき資質・能力の育成に向けて，数学的活動を通して，生徒の主体的・対話的で深い学びの実現を図るようにすること。その際，数学的な見方・考え方を働かせながら，日常の事象を数学的に捉え，数学の問題を見いだし，問題を自立的，協働的に解決し，学習の過程を振り返り，概念を形成するなどの学習の充実を図ること。
　イ　数量や図形についての基礎的な能力の維持や向上を図るため，適宜練習の機会を設けて計画的に指導すること。また，段階間の指導内容を円滑に接続させるため，適切な反復による学習指導を進めるようにすること。
　ウ　2の内容の「A数と計算」，「B図形」，「C測定」，「C変化と関係」及び「Dデータの活用」の指導の間の関連を図ること。
(2)　2の各段階の内容の取扱いについては，次の事項に配慮するものとする。
　ア　思考力，判断力，表現力等を育成するため，各段階の内容の指導に当たっては，具体物，言葉，数，式，図，表，グラフなどを用いて考えたり，説明したり，互いに自分の考えを表現し伝え合ったりするなどの学習活動を積極的に取り入れるようにすること。
　イ　「A数と計算」の指導に当たっては，具体物などの教具を適宜用いて，数と計算についての意味の理解を深めるよう留意すること。
　ウ　1段階の内容に示す事項については，次の(ア)から(ウ)までに留意するものとする。
　　(ア)　内容の「A数と計算」のイについては，必要な場合には，（　）や□などを用いることができるものとする。
　　(イ)　内容の「C測定」のア及び「Dデータの活用」のアについては，必要な場合には，温度計や体温計の目盛りの読み方やデータのまとめ方を取り扱うものとする。
　　(ウ)　内容の「C　測定」のアの(ア)の㋒については，任意の単位を用いた比較や基準容器で正確に計量する技能を指導することに配慮するものとする。
　エ　2段階の内容に示す事項については，次の(ア)から(ウ)までに留意するものとする。
　　(ア)　内容の「A数と計算」のイ及びウについては，簡単な計算は暗算でできるよう配慮するものとする。また，計算の結果の見積もりについても触れるものとする。
　　(イ)　内容の「B図形」のアの(ア)の基本的な図形については，定規，コンパスなどを用いて，図形をかいたり確かめたりする活動を通して，図形に関心をもたせるよう配慮するものとする。コンパスを取り扱う際には，生徒の障害の状態等に配慮するものとする。

(ウ) 内容の「Dデータの活用」のアについては，いろいろな表やグラフに触れるとともに，式やグラフが，事象の変化や全体の傾向をつかむのに便利であることに気付くよう配慮するものとする。
(3) 数学的活動の指導に当たっては，次の事項に配慮するものとする。
ア 数学的活動は，基礎的・基本的な知識及び技能を確実に身に付けたり，思考力，判断力，表現力等を高めたり，数学を学ぶことの楽しさを実感したりするために，重要な役割を果たすものであることから，2の内容の「A数と計算」，「B図形」，「C測定」，「C変化と関係」及び「Dデータの活用」に示す事項については，数学的活動を通して指導するようにすること。
イ 数学的活動を楽しめるようにするとともに，数学を生活に活用することなどについて実感する機会を設けること。

〔理　科〕
1　目標
　自然に親しみ，理科の見方・考え方を働かせ，見通しをもって，観察，実験を行うことなどを通して，自然の事物・現象についての問題を科学的に解決するために必要な資質・能力を次のとおり育成することを目指す。
(1) 自然の事物・現象についての基本的な理解を図り，観察，実験などに関する初歩的な技能を身に付けるようにする。
(2) 観察，実験などを行い，疑問をもつ力と予想や仮説を立てる力を養う。
(3) 自然を愛する心情を養うとともに，学んだことを主体的に日常生活や社会生活などに生かそうとする態度を養う。
2　各段階の目標及び内容
○1段階
　(1) 目　標
　　A　生命
　　　ア　身の回りの生物の様子について気付き，観察，実験などに関する初歩的な技能を身に付けるようにする。
　　　イ　身の回りの生物の様子から，主に差異点や共通点に気付き，疑問をもつ力を養う。
　　　ウ　身の回りの生物の様子について進んで調べ，生物を愛護する態度や，学んだことを日常生活などに生かそうとする態度を養う。
　　B　地球・自然
　　　ア　太陽と地面の様子について気付き，観察，実験などに関する初歩的な技能を身に付けるようにする。
　　　イ　太陽と地面の様子から，主に差異点や共通点に気付き，疑問をもつ力を養う。
　　　ウ　太陽と地面の様子について進んで調べ，学んだことを日常生活などに生かそうとする態度を養う。
　　C　物質・エネルギー
　　　ア　物の性質，風やゴムの力の働き，光や音の性質，磁石の性質及び電気の回路について気付き，観察，実験などに関する初歩的な技能を身に付けるようにする。
　　　イ　物の性質，風やゴムの力の働き，光や音の性質，磁石の性質及び電気の回路から，主

に差異点や共通点に気付き，疑問をもつ力を養う。
　　ウ　物の性質，風やゴムの力の働き，光や音の性質，磁石の性質及び電気の回路について進んで調べ，学んだことを日常生活などに生かそうとする態度を養う。
(2) 内　容
　A　生　命
　　ア　身の回りの生物
　　　　身の回りの生物について，探したり育てたりする中で，生物の姿に着目して，それらを比較しながら調べる活動を通して，次の事項を身に付けることができるよう指導する。
　　　(ア)　次のことを理解するとともに，観察，実験などに関する初歩的な技能を身に付けること。
　　　　㋐　生物は，色，形，大きさなど，姿に違いがあること。
　　　　㋑　昆虫や植物の育ち方には一定の順序があること。
　　　(イ)　身の回りの生物について調べる中で，差異点や共通点に気付き，生物の姿についての疑問をもち，表現すること。
　B　地球・自然
　　ア　太陽と地面の様子
　　　　太陽と地面の様子との関係について，日なたと日陰の様子に着目して，それらを比較しながら調べる活動を通して，次の事項を身に付けることができるよう指導する。
　　　(ア)　次のことを理解するとともに，観察，実験などに関する初歩的な技能を身に付けること。
　　　　㋐　日陰は太陽の光を遮るとできること。
　　　　㋑　地面は太陽によって暖められ，日なたと日陰では地面の暖かさに違いがあること。
　　　(イ)　日なたと日陰の様子について調べる中で，差異点や共通点に気付き，太陽と地面の様子との関係についての疑問をもち，表現すること。
　C　物質・エネルギー
　　ア　物と重さ
　　　　物の性質について，形や体積に着目して，重さを比較しながら調べる活動を通して，次の事項を身に付けることができるよう指導する。
　　　(ア)　次のことを理解するとともに，観察，実験などに関する初歩的な技能を身に付けること。
　　　　㋐　物は，形が変わっても重さは変わらないこと。
　　　　㋑　物は，体積が同じでも重さは違うことがあること。
　　　(イ)　物の形や体積と重さとの関係について調べる中で，差異点や共通点に気付き，物の性質についての疑問をもち，表現すること。
　　イ　風やゴムの力の働き
　　　　風やゴムの力の働きについて，力と物の動く様子に着目して，それらを比較しながら調べる活動を通して，次の事項を身に付けることができるよう指導する。
　　　(ア)　次のことを理解するとともに，観察，実験などに関する初歩的な技能を身に付けること。
　　　　㋐　風の力は，物を動かすことができること。また，風の力の大きさを変えると，物が動く様子も変わること。

　　　　㋐　ゴムの力は，物を動かすことができること。また，ゴムの力の大きさを変えると，物が動く様子も変わること。
　　　(ｲ)　風やゴムの力で物が動く様子について調べる中で，差異点や共通点に気付き，風やゴムの力の働きについての疑問をもち，表現すること。
　　ウ　光や音の性質
　　　　光や音の性質について，光を当てたときの明るさや暖かさ，音を出したときの震え方に着目して，光の強さや音の大きさを変えたときの違いを比較しながら調べる活動を通して，次の事項を身に付けることができるよう指導する。
　　　(ｱ)　次のことを理解するとともに，観察，実験などに関する初歩的な技能を身に付けること。
　　　　㋐　日光は直進すること。
　　　　㋑　物に日光を当てると，物の明るさや暖かさが変わること。
　　　　㋒　物から音が出たり伝わったりするとき，物は震えていること。
　　　(ｲ)　光を当てたときの明るさや暖かさの様子，音を出したときの震え方の様子について調べる中で，差異点や共通点に気付き，光や音の性質についての疑問をもち，表現すること。
　　エ　磁石の性質
　　　　磁石の性質について，磁石を身の回りの物に近付けたときの様子に着目して，それらを比較しながら調べる活動を通して，次の事項を身に付けることができるよう指導する。
　　　(ｱ)　次のことを理解するとともに，観察，実験などに関する初歩的な技能を身に付けること。
　　　　㋐　磁石に引き付けられる物と引き付けられない物があること。
　　　　㋑　磁石の異極は引き合い，同極は退け合うこと。
　　　(ｲ)　磁石を身の回りの物に近付けたときの様子について調べる中で，差異点や共通点に気付き，磁石の性質についての疑問をもち，表現すること。
　　オ　電気の通り道
　　　　電気の回路について，乾電池と豆電球などのつなぎ方と，乾電池につないだ物の様子に着目して，電気を通すときと通さないときのつなぎ方を比較しながら調べる活動を通して，次の事項を身に付けることができるよう指導する。
　　　(ｱ)　次のことを理解するとともに，観察，実験などに関する初歩的な技能を身に付けること。
　　　　㋐　電気を通すつなぎ方と通さないつなぎ方があること。
　　　　㋑　電気を通す物と通さない物があること。
　　　(ｲ)　乾電池と豆電球などをつないだときの様子について調べる中で，差異点や共通点に気付き，電気の回路についての疑問をもち，表現すること。
(3)　内容の取扱い
　ア　(2)の「A生命」のアの「身の回りの生物」については，次のとおり取り扱うものとする。
　　(ｱ)　(ｱ)の㋑については，飼育，栽培を通して行うこと。
　　(ｲ)　(ｱ)の㋑の「植物の育ち方」については，夏生一年生の双子葉植物を扱うこと。
　イ　(2)の「B地球・自然」のアの「太陽と地面の様子」については，太陽の位置は，東から南，西へと変化することを取り扱うものとする。

ウ (2)の「C 物質・エネルギー」の指導に当たっては,ものづくりを通して行うよう配慮すること。
○2段階
(1) 目 標
　A 生命
　　ア 人の体のつくりと運動,動物の活動や植物の成長と環境との関わりについての理解を図り,観察,実験などに関する初歩的な技能を身に付けるようにする。
　　イ 人の体のつくりと運動,動物の活動や植物の成長と環境との関わりについて,疑問をもったことについて既習の内容や生活経験を基に予想する力を養う。
　　ウ 人の体のつくりと運動,動物の活動や植物の成長と環境の関わりについて見いだした疑問を進んで調べ,生物を愛護する態度や学んだことを日常生活や社会生活などに生かそうとする態度を養う。
　B 地球・自然
　　ア 雨水の行方と地面の様子,気象現象,月や星についての理解を図り,観察,実験などに関する初歩的な技能を身に付けるようにする。
　　イ 雨水の行方と地面の様子,気象現象,月や星について,疑問をもったことについて既習の内容や生活経験を基に予想する力を養う。
　　ウ 雨水の行方と地面の様子,気象現象,月や星について見いだした疑問を進んで調べ,学んだことを日常生活や社会生活などに生かそうとする態度を養う。
　C 物質・エネルギー
　　ア 水や空気の性質についての理解を図り,観察,実験などに関する初歩的な技能を身に付けるようにする。
　　イ 水や空気の性質について,疑問をもったことについて既習の内容や生活経験を基に予想する力を養う。
　　ウ 水や空気の性質について見いだした疑問を進んで調べ,学んだことを日常生活や社会生活などに生かそうとする態度を養う。
(2) 内 容
　A 生命
　　ア 人の体のつくりと運動
　　　　人や他の動物について,骨や筋肉のつくりと働きに着目して,それらを関係付けて調べる活動を通して,次の事項を身に付けることができるよう指導する。
　　　(ｱ) 次のことを理解するとともに,観察,実験などに関する初歩的な技能を身に付けること。
　　　　㋐ 人の体には骨と筋肉があること。
　　　　㋑ 人が体を動かすことができるのは,骨,筋肉の働きによること。
　　　(ｲ) 人や他の動物の骨や筋肉のつくりと働きについて調べる中で,見いだした疑問について,既習の内容や生活経験を基に予想し,表現すること。
　　イ 季節と生物
　　　　身近な動物や植物について,探したり育てたりする中で,動物の活動や植物の成長と季節の変化に着目して,それらを関係付けて調べる活動を通して,次の事項を身に付けることができるよう指導する。

(ｱ)　次のことを理解するとともに，観察，実験などに関する初歩的な技能を身に付けること。
　　　　㋐　動物の活動は，暖かい季節，寒い季節などによって違いがあること。
　　　　㋑　植物の成長は，暖かい季節，寒い季節などによって違いがあること。
　　　(ｲ)　身近な動物の活動や植物の成長の変化について調べる中で，見いだした疑問について，既習の内容や生活経験を基に予想し，表現すること。
　B　地球・自然
　　ア　雨水の行方と地面の様子
　　　雨水の行方と地面の様子について，流れ方やしみ込み方に着目して，それらと地面の傾きや土の粒の大きさとを関係付けて調べる活動を通して，次の事項を身に付けることができるよう指導する。
　　　(ｱ)　次のことを理解するとともに，観察，実験などに関する初歩的な技能を身に付けること。
　　　　㋐　水は，高い場所から低い場所へと流れて集まること。
　　　　㋑　水のしみ込み方は，土の粒の大きさによって違いがあること。
　　　(ｲ)　雨水の流れ方やしみ込み方と地面の傾きや土の粒の大きさとの関係について調べる中で，見いだした疑問について，既習の内容や生活経験を基に予想し，表現すること。
　　イ　天気の様子
　　　天気や自然界の水の様子について，気温や水の行方に着目して，それらと天気の様子や水の状態変化とを関係付けて調べる活動を通して，次の事項を身に付けることができるよう指導する。
　　　(ｱ)　次のことを理解するとともに，観察，実験などに関する初歩的な技能を身に付けること。
　　　　㋐　天気によって１日の気温の変化の仕方に違いがあること。
　　　　㋑　水は，水面や地面などから蒸発し，水蒸気になって空気中に含まれていくこと。
　　　(ｲ)　天気の様子や水の状態変化と気温や水の行方との関係について調べる中で，見いだした疑問について，既習の内容や生活経験を基に予想し，表現すること。
　　ウ　月と星
　　　月や星の特徴について，位置の変化や時間の経過に着目して，それらを関係付けて調べる活動を通して，次の事項を身に付けることができるよう指導する。
　　　(ｱ)　次のことを理解するとともに，観察，実験などに関する初歩的な技能を身に付けること。
　　　　㋐　月は日によって形が変わって見え，１日のうちでも時刻によって位置が変わること。
　　　　㋑　空には，明るさや色の違う星があること。
　　　(ｲ)　月の位置の変化と時間の経過との関係について調べる中で，見いだした疑問について，既習の内容や生活経験を基に予想し，表現すること。
　C　物質・エネルギー
　　ア　水や空気と温度
　　　水や空気の性質について，体積や状態の変化に着目して，それらと温度の変化とを関係付けて調べる活動を通して，次の事項を身に付けることができるよう指導する。

            (ｱ) 次のことを理解するとともに，観察，実験などに関する初歩的な技能を身に付けること。
              ㋐ 水や空気は，温めたり冷やしたりすると，その体積が変わること。
              ㋑ 水は，温度によって水蒸気や氷に変わること。
            (ｲ) 水や空気の体積や状態の変化について調べる中で，見いだした疑問について，既習の内容や生活経験を基に予想し，表現すること。
  (3) 内容の取扱い
    ア (2)の「A生命」のアの「人の体のつくりと運動」のアの㋑については，関節の働きを扱うものとすること。
    イ (2)の「A生命」のイの「季節と生物」については，1年を通しての動物の活動や植物の成長を観察や映像資料などで指導するものとする。
    ウ (2)の「B地球・自然」のイの「天気の様子」のアの㋐については，2つのデータを同時に扱うようなグラフや表は扱わないこと。

3 指導計画の作成と内容の取扱い
  (1) 指導計画の作成に当たっては，次の事項に配慮するものとする。
    ア 単元など内容や時間のまとまりを見通して，その中で育む資質・能力の育成に向けて，生徒の主体的・対話的で深い学びの実現を図るようにすること。その際，理科の学習過程の特質を踏まえ，理科の見方・考え方を働かせ，見通しをもって観察，実験を行うなどの，問題を科学的に解決しようとする学習活動の充実を図ること。
    イ 各段階で育成を目指す思考力，判断力，表現力等については，当該段階において育成することを目指す力のうち，主なものを示したものであり，実際の指導に当たっては，他の段階で掲げている力の育成についても十分に配慮すること。
  (2) 2の各段階の内容の取扱いについては，次の事項に配慮するものとする。
    ア 実験を行うに当たっては，身の回りのことや生活に関わる簡単なものを取り扱うこと。
    イ 生物，天気などに関する指導に当たっては，自然に親しむ活動や体験的な活動を多く取り入れるとともに，生命を尊重し，身の回りの自然環境の保全に寄与する態度を養うようにすること。
    ウ 天気などに関する指導に当たっては，災害に関する基礎的な理解が図られるようにすること。
    エ 理科で学習することが様々な職業などと関係していることにも触れること。
    オ 博物館や科学学習センターなどと連携，協力を図ること。
  (3) 観察，実験などの指導に当たっては，事故防止に十分留意すること。また，環境整備に十分配慮すること。

〔音　楽〕
1 目　標
    表現及び鑑賞の活動を通して，音楽的な見方・考え方を働かせ，生活や社会の中の音や音楽，音楽文化と豊かに興味や関心をもって関わる資質・能力を次のとおり育成することを目指す。
  (1) 曲名や曲想と音楽の構造などとの関わりについて理解するとともに，表したい音楽表現をするために必要な技能を身に付けるようにする。

(2) 音楽表現を考えることや,曲や演奏のよさなどを見いだしながら,音や音楽を味わって聴くことができるようにする。
 (3) 進んで音や音楽に関わり,協働して音楽活動をする楽しさを感じるとともに,様々な音楽に親しんでいく態度を養い,豊かな情操を培う。

2　各段階の目標及び内容
○1段階
 (1) 目　標
　ア　曲名や曲の雰囲気と音楽の構造などとの関わりについて気付くとともに,音楽表現をするために必要な歌唱,器楽,音楽づくり,身体表現の技能を身に付けるようにする。
　イ　音楽表現を考えて表したい思いや意図をもつことや,音や音楽を味わいながら聴くことができるようにする。
　ウ　進んで音や音楽に関わり,協働して音楽活動をする楽しさを感じながら,様々な音楽に触れるとともに,音楽経験を生かして生活を明るく潤いのあるものにしようとする態度を養う。
 (2) 内　容
　　A　表　現
　　ア　歌唱の活動を通して,次の事項を身に付けることができるよう指導する。
　　　(ｱ)　歌唱表現についての知識や技能を得たり生かしたりしながら,曲の雰囲気に合いそうな表現を工夫し,歌唱表現に対する思いや意図をもつこと。
　　　(ｲ)　次の㋐及び㋑について気付くこと。
　　　　㋐　曲名や曲の雰囲気と音楽の構造との関わり
　　　　㋑　曲想と歌詞の表す情景やイメージとの関わり
　　　(ｳ)　思いや意図にふさわしい歌い方で歌うために必要な次の㋐から㋒までの技能を身に付けること。
　　　　㋐　範唱を聴いて歌ったり,歌詞を見て歌ったりする技能
　　　　㋑　発声の仕方に気を付けて歌う技能
　　　　㋒　友達の歌声や伴奏を聴いて声を合わせて歌う技能
　　イ　器楽の活動を通して,次の事項を身に付けることができるよう指導する。
　　　(ｱ)　器楽表現についての知識や技能を得たり生かしたりしながら,曲の雰囲気に合いそうな表現を工夫し,器楽表現に対する思いや意図をもつこと。
　　　(ｲ)　次の㋐及び㋑について気付くこと。
　　　　㋐　曲の雰囲気と音楽の構造との関わり
　　　　㋑　楽器の音色と全体の響きとの関わり
　　　(ｳ)　思いや意図にふさわしい表現をするために必要な次の㋐から㋒までの技能を身に付けること。
　　　　㋐　簡単な楽譜を見てリズムや速度を意識して演奏する技能
　　　　㋑　音色や響きに気を付けて,打楽器や旋律楽器を使って演奏する技能
　　　　㋒　友達の楽器の音や伴奏を聴いて,音を合わせて演奏する技能
　　ウ　音楽づくりの活動を通して,次の事項を身に付けることができるよう指導する。
　　　(ｱ)　音楽づくりについての知識や技能を得たり生かしたりしながら,次の㋐及び㋑をで

　　　　　きるようにすること。
　　　　　㋐　音遊びを通して，どのように音楽をつくるのかについて発想を得ること。
　　　　　㋑　音を音楽へと構成することについて思いや意図をもつこと。
　　　　(イ)　次の㋐及び㋑について，それらが生み出す面白さなどと関わらせて気付くこと。
　　　　　㋐　いろいろな音の響きの特徴
　　　　　㋑　リズム・パターンや短い旋律のつなげ方の特徴
　　　　(ウ)　発想を生かした表現，思いや意図に合った表現をするために必要な次の㋐及び㋑の技能を身に付けること。
　　　　　㋐　設定した条件に基づいて，音を選択したり組み合わせたりして表現する技能
　　　　　㋑　音楽の仕組みを生かして，簡単な音楽をつくる技能
　　　エ　身体表現の活動を通して，次の事項を身に付けることができるよう指導する。
　　　　(ア)　身体表現についての知識や技能を得たり生かしたりしながら，リズムの特徴や曲の雰囲気を感じ取り，体を動かすことについての思いや意図をもつこと。
　　　　(イ)　次の㋐及び㋑の関わりについて気付くこと。
　　　　　㋐　曲の雰囲気と音楽の構造との関わり
　　　　　㋑　曲名や歌詞と体の動きとの関わり
　　　　(ウ)　思いや意図にふさわしい動きで表現するために必要な次の㋐から㋒までの技能を身に付けること。
　　　　　㋐　示範を見て体を動かしたり，曲の速度やリズム，曲の雰囲気に合わせて身体表現したりする技能
　　　　　㋑　音や音楽を聴いて，様々な動きを組み合わせて身体表現をする技能
　　　　　㋒　友達と動きを合わせて表現する技能
　　B　鑑　賞
　　　ア　鑑賞の活動を通して，次の事項を身に付けることができるよう指導する。
　　　　(ア)　鑑賞についての知識を得たり生かしたりしながら，曲や演奏のよさなどを見いだして聴くこと。
　　　　(イ)　曲想とリズムや速度，旋律の特徴との関わりについて分かること。
○2段階
(1)　目　標
　　ア　曲名や曲想と音楽の構造などとの関わりについて理解するとともに，表したい音楽表現をするために必要な歌唱，器楽，音楽づくり，身体表現の技能を身に付けるようにする。
　　イ　音楽表現を考えて表したい思いや意図をもつことや，曲や演奏のよさを見いだしながら，音や音楽を味わって聴くことができるようにする。
　　ウ　主体的に楽しく音や音楽に関わり，協働して音楽活動をする楽しさを味わいながら，様々な音楽に親しむとともに，音楽経験を生かして生活を明るく潤いのあるものにしようとする態度を養う。
(2)　内　容
　　A　表　現
　　　ア　歌唱の活動を通して，次の事項を身に付けることができるよう指導する。
　　　　(ア)　歌唱表現についての知識や技能を得たり生かしたりしながら，曲の特徴にふさわしい表現を工夫し，歌唱表現に対する思いや意図をもつこと。

(イ)　次の⑦及び④について理解すること。
　　　⑦　曲名や曲想と音楽の構造との関わり
　　　④　曲想と歌詞の表す情景やイメージとの関わり
　(ウ)　思いや意図にふさわしい歌い方で歌うために必要な次の⑦から⑨までの技能を身に付けること。
　　　⑦　歌詞やリズム，音の高さ等を意識して歌う技能
　　　④　呼吸及び発音の仕方に気を付けて歌う技能
　　　⑨　独唱と，斉唱及び簡単な輪唱などをする技能
イ　器楽の活動を通して，次の事項を身に付けることができるよう指導する。
　(ア)　器楽表現についての知識や技能を得たり生かしたりしながら，曲想にふさわしい表現を工夫し，器楽表現に対する思いや意図をもつこと。
　(イ)　次の⑦及び④について理解すること。
　　　⑦　曲想と音楽の構造との関わり
　　　④　多様な楽器の音色と全体の響きとの関わり
　(ウ)　思いや意図にふさわしい表現をするために必要な次の⑦から⑨までの技能を身に付けること。
　　　⑦　簡単な楽譜を見てリズムや速度，音色などを意識して，演奏する技能
　　　④　打楽器や旋律楽器の基本的な扱いを意識して，音色や響きに気を付けて演奏する技能
　　　⑨　友達の楽器の音や伴奏を聴いて，リズムや速度を合わせて演奏する技能
ウ　音楽づくりの活動を通して，次の事項を身に付けることができるよう指導する。
　(ア)　音楽づくりについての知識や技能を得たり生かしたりしながら，次の⑦及び④をできるようにすること。
　　　⑦　即興的に表現することを通して，音楽づくりの発想を得ること。
　　　④　音を音楽へと構成することについて思いや意図をもつこと。
　(イ)　次の⑦及び④について，それらが生み出す面白さなどと関わらせて理解すること。
　　　⑦　いろいろな音の響きやその組み合わせの特徴
　　　④　リズム・パターンや短い旋律のつなぎ方や重ね方の特徴
　(ウ)　発想を生かした表現，思いや意図に合った表現をするために必要な次の⑦及び④の技能を身に付けること。
　　　⑦　設定した条件に基づいて，即興的に音を選択したり組み合わせたりして表現する技能
　　　④　音楽の仕組みを生かして，音楽をつくる技能
エ　身体表現の活動を通して，次の事項を身に付けることができるよう指導する。
　(ア)　身体表現についての知識や技能を得たり生かしたりしながら，リズムの特徴や曲想を感じ取り，体を動かすことについて思いや意図をもつこと。
　(イ)　次の⑦及び④の関わりについて理解すること。
　　　⑦　曲想と音楽の構造との関わり
　　　④　曲名や歌詞と体の動きとの関わり
　(ウ)　思いや意図にふさわしい動きで表現するために必要な次の⑦から⑨までの技能を身に付けること。

　　　　㋐　示範を見て表現したり，曲の速度やリズム，曲想に合わせて表現したりする技能
　　　　㋑　音や音楽を聴いて，様々な動きを組み合わせてまとまりのある表現をする技能
　　　　㋒　友達と動きを相談して，合わせて表現する技能
　　B　鑑　賞
　　　ア　鑑賞の活動を通して，次の事項を身に付けることができるよう指導する。
　　　　㋐　鑑賞についての知識を得たり生かしたりしながら，曲や演奏のよさなどを見いだし，曲全体を味わって聴くこと。
　　　　㋑　曲想と音楽の構造等との関わりについて理解すること。

〔共通事項〕
(1)　1段階と2段階の「A表現」及び「B鑑賞」の指導を通して，次の事項を身に付けることができるよう指導する。
　ア　音楽を形づくっている要素を聴き取り，それらの働きが生み出すよさや面白さ，美しさを感じ取りながら，聴き取ったことと感じ取ったこととの関わりについて考えること。
　イ　音楽を形づくっている要素及びそれらに関わる音符，休符，記号や用語について，音楽における働きと関わらせて理解すること。

3　指導計画の作成と内容の取扱い
　(1)　指導計画の作成に当たっては，次の事項に配慮するものとする。
　　ア　題材など内容や時間のまとまりを見通して，その中で育むべき資質・能力の育成に向けて，生徒の主体的・対話的で深い学びの実現を図るようにすること。その際，音楽的な見方・考え方を働かせ，他者と協働しながら，音楽表現を生み出したり音楽を聴いてそのよさなどを見いだしたりするなど，思考，判断し，表現する一連の過程を大切にした学習の充実を図ること。
　　イ　2の目標及び内容の「A表現」のアからエまでの指導については，㋐，㋑及び㋒の各事項を，「B鑑賞」のアの指導については，㋐及び㋑の各事項を，適切に関連させて指導すること。
　　ウ　2の目標及び内容の〔共通事項〕は，表現及び鑑賞の学習において共通に必要となる資質・能力であり，「A表現」及び「B鑑賞」の各事項の指導と併せて，十分な指導が行われるよう工夫すること。
　　エ　2の目標及び内容の「A表現」のアからエまで及び「B鑑賞」のアの指導については，適宜，〔共通事項〕を要として各領域や分野の関連を図るようにすること。
　　オ　国歌「君が代」は，時期に応じて適切に指導すること。
　　カ　各段階においては，生徒の発達の段階と生活年齢を考慮すること。
　(2)　2の各段階の内容の取扱いについては，次の事項に配慮するものとする。
　　ア　各段階の指導に当たっては，音や音楽との一体感を味わえるようにするため，指導のねらいに即して体を動かす活動を取り入れるようにすること。
　　イ　各段階の指導に当たっては，音や音楽及び言葉によるコミュニケーションを図る指導を工夫すること。その際，生徒の言語理解や発声・発語の状況等を考慮し，必要に応じてコンピュータや教育機器も効果的に活用すること。
　　ウ　生徒が学校内及び公共施設などの学校外における音楽活動とのつながりを意識できるよ

うな機会をつくるなど，生徒や学校，地域の実態に応じて，生活や社会の中の音や音楽，音楽文化と主体的に関わっていくことができるよう配慮すること。
エ 合奏や合唱などの活動を通して，和音のもつ表情を感じることができるようにすること。また，長調及び短調の曲においては，Ⅰ，Ⅳ，Ⅴ及びⅤ₇などの和音を中心に指導すること。
オ 我が国や郷土の音楽の指導に当たっては，そのよさなどを感じ取って表現したり鑑賞したりできるよう，楽譜や音源等の示し方，伴奏の仕方，曲に合った歌い方や楽器の演奏の仕方など指導方法について工夫すること。
カ 各段階の「A表現」のアの歌唱の指導に当たっては，次のとおり取り扱うこと。
 (ア) 生徒の実態や学習状況及び必要に応じて適宜，移動ド唱法を取り上げるようにすること。
 (イ) 成長に伴う声の変化に気付くことができるよう，変声期の生徒に対して適切に配慮すること。
キ 各段階の「A表現」のイの楽器については，次のとおり取り扱うこと。
 (ア) 各段階で取り上げる打楽器は，簡単に操作できる楽器，木琴，鉄琴，和楽器，諸外国に伝わる様々な楽器を含めて，生徒の実態や発達の段階を考慮して選択すること。
 (イ) 1段階で取り上げる旋律楽器は，既習の楽器を含めて，鍵盤楽器などの中から生徒の実態や発達の段階を考慮して選択すること。
 (ウ) 2段階で取り上げる旋律楽器は，既習の楽器を含めて，鍵盤楽器や和楽器，電子楽器などの中から生徒の実態や発達の段階を考慮して選択すること。
 (エ) 合奏で扱う楽器については，リズム，旋律，和音などの各声部の演奏ができるよう，楽器の特性を生かして選択すること。
ク 各段階の「A表現」のウの音楽づくりの指導に当たっては，次のとおり取り扱うこと。
 (ア) 音遊びや即興的な表現では，リズムや旋律を模倣したり，身近なものから多様な音を探したりして，音楽づくりのための発想を得ることができるよう指導すること。
 (イ) どのような音楽を，どのようにしてつくるかなどについて，生徒の実態に応じて具体的な例を示しながら指導すること。
 (ウ) つくった音楽については，指導のねらいに即し，必要に応じて記録できるようにすること。記録の仕方については，図や絵によるものなど，柔軟に指導すること。
 (エ) 拍のないリズム，我が国の音楽に使われている音階や調性にとらわれない音階などを生徒の実態に応じて取り上げるようにすること。
ケ 各段階の「B鑑賞」の指導に当たっては，気付いたり感じたりしたことを体の動きで表現したり，絵にかいたり，言葉で表現したりできるよう指導を工夫すること。
コ 2の目標及び内容の〔共通事項〕の(1)の(ア)に示す「音楽を形づくっている要素」については，生徒の発達の段階や指導のねらいに応じて，次の(ア)及び(イ)を適切に選択したり関連付けたりして必要に応じて適切に指導すること。
 (ア) 音楽を特徴付けている要素
  ㋐ 音色，リズム，速度，旋律，強弱，音の重なり，和音の響き，音階，調，拍，フレーズなど
 (イ) 音楽の仕組み
  ㋐ 反復，呼びかけとこたえ，変化，音楽の縦と横との関係など

サ　〔共通事項〕の(1)のイに示す「音符，休符，記号や用語」については，生徒の実態や学習状況を考慮して取り扱うこと。
　シ　歌唱教材は，次に示すものを取り扱うこと。
　　(ｱ)　生徒の生活年齢及び発達の段階に応じた，日常の生活に関連した曲。
　　(ｲ)　主となる歌唱教材については，各段階とも(ｳ)の共通教材を含めて，独唱，斉唱で歌う曲。
　　(ｳ)　共通教材
　　　㋐　1段階の共通教材は，次に示すものとする。
　　　　「うさぎ」　　　　　（日本古謡）
　　　　「茶つみ」　　　　　（文部省唱歌）
　　　　「春の小川」　　　　（文部省唱歌）　高野辰之作詞　　岡野貞一作曲
　　　　「ふじ山」　　　　　（文部省唱歌）　巌谷小波作詞
　　　　「さくらさくら」　　（日本古謡）
　　　　「とんび」　　　　　　　　　　　　葛原しげる作詞　梁田貞作曲
　　　　「まきばの朝」　　　（文部省唱歌）　船橋栄吉作詞
　　　　「もみじ」　　　　　（文部省唱歌）　高野辰之作詞　岡野貞一作曲
　　　㋑　2段階の共通教材は，次に示すものとする。
　　　　「こいのぼり」　　　（文部省唱歌）
　　　　「子もり歌」　　　　（日本古謡）
　　　　「スキーの歌」　　　（文部省唱歌）　林柳波作詞　橋本国彦作曲
　　　　「冬げしき」　　　　（文部省唱歌）
　　　　「越天楽今様（歌詞は第2節まで）」（日本古謡）　慈鎮和尚作歌
　　　　「おぼろ月夜」　　　（文部省唱歌）　高野辰之作詞　岡野貞一作曲
　　　　「ふるさと」　　　　（文部省唱歌）　高野辰之作詞　岡野貞一作曲
　　　　「われは海の子（歌詞は第3節まで）」（文部省唱歌）
　ス　器楽教材は，次に示すものを取り扱うこと。
　　(ｱ)　生徒の生活年齢及び発達の段階に応じた，指導のねらいとの関係において適切であり，身近で親しみのもてるもの。
　　(ｲ)　主となる器楽教材については，既習の歌唱教材を含め，主旋律に簡単なリズム伴奏や低音部を加えた曲。
　セ　音楽づくり教材は，次に示すものを取り扱うこと。
　　(ｱ)　生徒の生活年齢及び発達の段階に応じた指導のねらいとの関係において適切であり，身近で親しみのもてるもの。
　ソ　音や音楽の特徴を身体表現するために適した教材は，次に示すものを取り扱うこと。
　　(ｱ)　主となる教材については，既習の歌唱教材や器楽教材を含め，音や音楽を聴いて体を動かすことができるものを中心に，生徒の生活年齢及び発達の段階に応じた指導のねらいとの関係において適切であり，親しみのもてるもの。
　タ　鑑賞教材は，次に示すものを取り扱うこと。
　　(ｱ)　主となる鑑賞教材については，既習の歌唱教材や器楽教材を含め，生徒の生活年齢及び発達の段階に応じた，曲想を感じ取り，情景を思い浮かべやすい，いろいろな種類の曲。

(イ) 音楽を形づくっている要素の働きを感じ取りやすく，曲の雰囲気や音楽の構造に気付きやすい曲。
(ウ) 楽器の音色や人の声の表現の違いなどによる演奏の特徴が聴き取りやすい，いろいろな演奏形態による曲。

〔美　術〕
1　目　標
　表現及び鑑賞の活動を通して，造形的な見方・考え方を働かせ，生活や社会の中の美術や美術文化と豊かに関わる資質・能力を次のとおり育成することを目指す。
(1) 造形的な視点について理解し，表したいことに合わせて材料や用具を使い，表し方を工夫する技能を身に付けるようにする。
(2) 造形的なよさや面白さ，美しさ，表したいことや表し方などについて考え，経験したことや材料などを基に，発想し構想するとともに，造形や作品などを鑑賞し，自分の見方や感じ方を深めることができるようにする。
(3) 創造活動の喜びを味わい，美術を愛好する心情を育み，感性を豊かにし，心豊かな生活を営む態度を養い，豊かな情操を培う。

2　各段階の目標及び内容
○1段階
　(1) 目　標
　　ア　造形的な視点について気付き，材料や用具の扱い方に親しむとともに，表し方を工夫する技能を身に付けるようにする。
　　イ　造形的なよさや面白さ，表したいことや表し方などについて考え，経験したことや思ったこと，材料などを基に，発想し構想するとともに，身近にある造形や作品などから，自分の見方や感じ方を広げることができるようにする。
　　ウ　楽しく美術の活動に取り組み，創造活動の喜びを味わい，美術を愛好する心情を培い，心豊かな生活を営む態度を養う。
　(2) 内　容
　　Ａ　表　現
　　　ア　日常生活の中で経験したことや思ったこと，材料などを基に，表したいことや表し方を考えて，描いたり，つくったり，それらを飾ったりする活動を通して，次の事項を身に付けることができるよう指導する。
　　　　(ア) 経験したことや思ったこと，材料などを基に，表したいことや表し方を考えて，発想や構想をすること。
　　　　(イ) 材料や用具の扱いに親しみ，表したいことに合わせて，表し方を工夫し，材料や用具を選んで使い表すこと。
　　Ｂ　鑑　賞
　　　ア　自分たちの作品や身近な造形品の鑑賞の活動を通して，次の事項を身に付けることができるよう指導する。
　　　　(ア) 自分たちの作品や身近な造形品の制作の過程などの鑑賞を通して，よさや面白さに気付き，自分の見方や感じ方を広げること。

(イ) 表し方や材料による印象の違いなどに気付き，自分の見方や感じ方を広げること。
　　〔共通事項〕
　　ア 「A表現」及び「B鑑賞」の指導を通して，次の事項を身に付けることができるよう指導する。
　　　(ア) 形や色彩，材料や光などの特徴について知ること。
　　　(イ) 造形的な特徴などからイメージをもつこと。
○2段階
　(1) 目　標
　　ア 造形的な視点について理解し，材料や用具の扱い方などを身に付けるとともに，多様な表し方を工夫する技能を身に付けるようにする。
　　イ 造形的なよさや面白さ，美しさ，表したいことや表し方などについて考え，経験したことや想像したこと，材料などを基に，発想し構想するとともに，自分たちの作品や美術作品などに親しみ自分の見方や感じ方を深めることができるようにする。
　　ウ 主体的に美術の活動に取り組み，創造活動の喜びを味わい，美術を愛好する心情を高め，心豊かな生活を営む態度を養う。
　(2) 内　容
　　A　表　現
　　ア 経験したことや想像したこと，材料などを基に，表したいことや表し方を考えて，描いたり，つくったり，それらを飾ったりする活動を通して，次の事項を身に付けることができるよう指導する。
　　　(ア) 経験したことや想像したこと，材料などを基に，表したいことや表し方を考えて，発想や構想をすること。
　　　(イ) 材料や用具の扱い方を身に付け，表したいことに合わせて，材料や用具の特徴を生かしたり，それらを組み合わせたりして計画的に表すこと。
　　B　鑑　賞
　　ア 自分たちの作品や美術作品などの鑑賞の活動を通して，次の事項を身に付けることができるよう指導する。
　　　(ア) 自分たちの作品や美術作品などを鑑賞して，よさや面白さ，美しさを感じ取り，自分の見方や感じ方を深めること。
　　　(イ) 表し方や材料による特徴の違いなどを捉え，自分の見方や感じ方を深めること。
　　〔共通事項〕
　　ア 「A表現」及び「B鑑賞」の指導を通して，次の事項を身に付けることができるよう指導する。
　　　(ア) 形や色彩，材料や光などの特徴について理解すること。
　　　(イ) 造形的な特徴などからイメージを捉えること。

3　指導計画の作成と内容の取扱い
　(1) 指導計画の作成に当たっては，次の事項に配慮するものとする。
　　ア 題材など内容や時間のまとまりを見通して，その中で育む資質・能力の育成に向けて，生徒の主体的・対話的で深い学びの実現を図るようにすること。その際，造形的な見方・考え方を働かせ，表現したり鑑賞したりする資質・能力を相互に関連させた学習の充実を

図ること。
　イ　2の各段階の内容の「A表現」及び「B鑑賞」の指導に当たっては，相互の関連を図るようにすること。
　ウ　2の各段階の内容の〔共通事項〕は，表現及び鑑賞の学習において共通に必要となる資質・能力であり，「A表現」及び「B鑑賞」の各事項の指導と併せて，十分な指導が行われるよう工夫すること。
　エ　2の各段階の内容の「A表現」の指導に当たっては，適宜共同してつくりだす活動を取り上げるようにすること。
　オ　2の各段階の内容の「B鑑賞」の指導に当たっては，感じたことや思ったことを伝え合うなど，周りの人と共有できる機会を設けるようにすること。
　カ　2の各段階の「B鑑賞」の指導に当たっては，生徒や学校の実態に応じて，地域の美術館を利用するなど，連携を図るようにすること。また，学校図書館等における鑑賞用図書，映像資料等の活用を図ること。
(2)　2の各段階の内容の取扱いについては，次の事項に配慮するものとする。
　ア　「A表現」の指導に当たっては，材料や用具の安全な使い方について指導するとともに，活動場所を事前に点検するなどして，事故防止について徹底すること。
　イ　生徒が個性を生かして活動することができるようにするため，学習活動や表現方法などに幅をもたせるようにすること。
　ウ　「A表現」の指導に当たっては，活動の全過程を通して生徒が実現したい思いを大切にしながら活動できるようにし，自分のよさや可能性を見いだし，楽しく豊かな生活を創造する態度を養うようにすること。
　エ　各活動において，互いのよさや個性などを認め尊重し合うようにすること。
　オ　「A表現」及び「B鑑賞」の学習を通して学んだことが，生活や社会の中で生かせるようにすることや，作品や用具等を大切に取り扱うことを理解して使えるよう指導すること。
　カ　美術の表現の可能性を広げるために，写真・ビデオ・コンピュータ等の映像メディアの積極的な活用を図るようにすること。
　キ　材料については，地域の身近にある材料なども取り上げ，指導すること。
　ク　作品を校内の適切な場所に展示するなどし，日常の学校生活においてそれらを鑑賞することができるよう配慮すること。また，学校や地域の実態に応じて，校外に生徒の作品を展示する機会を設けるなどすること。

〔保健体育〕
1　目　標
　　体育や保健の見方・考え方を働かせ，課題を見付け，その解決に向けた学習過程を通して，心と体を一体として捉え，生涯にわたって心身の健康を保持増進し，豊かなスポーツライフを実現するための資質・能力を次のとおり育成することを目指す。
(1)　各種の運動の特性に応じた技能等及び自分の生活における健康・安全について理解するとともに，基本的な技能を身に付けるようにする。
(2)　各種の運動や健康・安全についての自分の課題を見付け，その解決に向けて自ら思考し判断するとともに，他者に伝える力を養う。
(3)　生涯にわたって運動に親しむことや健康の保持増進と体力の向上を目指し，明るく豊かな

生活を営む態度を養う。

2 各段階の目標及び内容
○1段階
 (1) 目 標
  ア 各種の運動の楽しさや喜びに触れ,その特性に応じた行い方及び体の発育・発達やけがの防止,病気の予防などの仕方が分かり,基本的な動きや技能を身に付けるようにする。
  イ 各種の運動や健康な生活における自分の課題を見付け,その解決のための活動を考えたり,工夫したりしたことを他者に伝える力を養う。
  ウ 各種の運動に進んで取り組み,きまりや簡単なスポーツのルールなどを守り,友達と協力したり,場や用具の安全に留意したりし,最後まで楽しく運動をする態度を養う。また,健康・安全の大切さに気付き,自己の健康の保持増進に進んで取り組む態度を養う。
 (2) 内 容
  A 体つくり運動
   体つくり運動について,次の事項を身に付けることができるよう指導する。
   ア 体ほぐしの運動や体の動きを高める運動を通して,体を動かす楽しさや心地よさに触れるとともに,その行い方が分かり,友達と関わったり,動きを持続する能力などを高めたりすること。
   イ 体ほぐしの運動や体の動きを高める運動についての自分の課題を見付け,その解決のための活動を考えたり,工夫したりしたことを他者に伝えること。
   ウ 体ほぐしの運動や体の動きを高める運動に進んで取り組み,きまりを守り,友達と協力したり,場や用具の安全に留意したりし,最後まで楽しく運動をすること。
  B 器械運動
   器械運動について,次の事項を身に付けることができるよう指導する。
   ア 器械・器具を使った運動の楽しさや喜びに触れ,その行い方が分かり,基本的な動きや技を身に付けること。
   イ 器械・器具を使った運動についての自分の課題を見付け,その解決のための活動を考えたり,工夫したりしたことを他者に伝えること。
   ウ 器械・器具を使った運動に進んで取り組み,きまりを守り,友達と協力したり,場や器械・器具の安全に留意したりし,最後まで楽しく運動をすること。
  C 陸上運動
   陸上運動について,次の事項を身に付けることができるよう指導する。
   ア 陸上運動の楽しさや喜びに触れ,その行い方が分かり,基本的な動きや技能を身に付けること。
   イ 陸上運動についての自分の課題を見付け,その解決のための活動を考えたり,工夫したりしたことを他者に伝えること。
   ウ 陸上運動に進んで取り組み,きまりを守り,友達と協力したり,場や用具の安全に留意したりし,最後まで楽しく運動をすること。
  D 水泳運動
   水泳運動について,次の事項を身に付けることができるよう指導する。
   ア 初歩的な泳ぎの楽しさや喜びに触れ,その行い方が分かり,基本的な動きや技能を身

に付けること。
　　イ　初歩的な泳ぎについての自分の課題を見付け，その解決のための活動を考えたり，工夫したりしたことを他者に伝えること。
　　ウ　初歩的な泳ぎに進んで取り組み，きまりなどを守り，友達と協力したり，場や用具の安全に留意したりし，最後まで楽しく運動をすること。
　E　球技
　　球技について，次の事項を身に付けることができるよう指導する。
　　ア　球技の楽しさや喜びに触れ，その行い方が分かり，基本的な動きや技能を身に付け，簡易化されたゲームを行うこと。
　　イ　球技についての自分の課題を見付け，その解決のための活動を考えたり，工夫したりしたことを他者に伝えること。
　　ウ　球技に進んで取り組み，きまりや簡単なルールを守り，友達と協力したり，場や用具の安全に留意したりし，最後まで楽しく運動をすること。
　F　武道
　　武道について，次の事項を身に付けることができるよう指導する。
　　ア　武道の楽しさを感じ，その行い方や伝統的な考え方が分かり，基本動作や基本となる技を用いて，簡易な攻防を展開すること。
　　イ　武道についての自分の課題を見付け，その解決のための活動を考えたり，工夫したりしたことを他者に伝えること。
　　ウ　武道に進んで取り組み，きまりや伝統的な行動の仕方を守り，友達と協力したり，場や用具の安全に留意したりし，最後まで楽しく運動をすること。
　G　ダンス
　　ダンスについて，次の事項を身に付けることができるよう指導する。
　　ア　ダンスの楽しさや喜びに触れ，その行い方が分かり，基本的な動きや技能を身に付け，表現したり踊ったりすること。
　　イ　ダンスについての自分の課題を見付け，その解決のための活動を考えたり，工夫したりしたことを他者に伝えること。
　　ウ　ダンスに進んで取り組み，友達の動きを認め協力したり，場や用具の安全に留意したりし，最後まで楽しく運動をすること。
　H　保健
　　健康・安全に関する事項について，次の事項を身に付けることができるよう指導する。
　　ア　体の発育・発達やけがの防止，病気の予防などの仕方が分かり，基本的な知識及び技能を身に付けること。
　　イ　自分の健康・安全についての課題を見付け，その解決のための活動を考えたり，工夫したりしたことを他者に伝えること。
○2段階
（1）目標
　ア　各種の運動の楽しさや喜びを味わい，その特性に応じた行い方及び体の発育・発達やけがの防止，病気の予防などの仕方について理解し，基本的な技能を身に付けるようにする。
　イ　各種の運動や健康な生活における自分やグループの課題を見付け，その解決のために友達と考えたり，工夫したりしたことを他者に伝える力を養う。

ウ　各種の運動に積極的に取り組み，きまりや簡単なスポーツのルールなどを守り，友達と助け合ったり，場や用具の安全に留意したりし，自己の最善を尽くして運動をする態度を養う。また，健康・安全の大切さに気付き，自己の健康の保持増進と回復に進んで取り組む態度を養う。
(2)　内　容
　A　体つくり運動
　　　体つくり運動について，次の事項を身に付けることができるよう指導する。
　　ア　体ほぐしの運動や体の動きを高める運動を通して，体を動かす楽しさや心地よさを味わうとともに，その行い方を理解し，友達と関わったり，動きを持続する能力などを高めたりすること。
　　イ　体ほぐしの運動や体の動きを高める運動についての自分やグループの課題を見付け，その解決のために友達と考えたり，工夫したりしたことを他者に伝えること。
　　ウ　体ほぐしの運動や体の動きを高める運動に積極的に取り組み，きまりを守り，友達と助け合ったり，場や用具の安全に留意したりし，自己の力を発揮して運動をすること。
　B　器械運動
　　　器械運動について，次の事項を身に付けることができるよう指導する。
　　ア　器械運動の楽しさや喜びを味わい，その行い方を理解し，基本的な技を身に付けること。
　　イ　器械運動についての自分やグループの課題を見付け，その解決のために友達と考えたり，工夫したりしたことを他者に伝えること。
　　ウ　器械運動に積極的に取り組み，きまりを守り，友達と助け合ったり，場や器械・器具の安全に留意したりし，自己の力を発揮して運動をすること。
　C　陸上運動
　　　陸上運動について，次の事項を身に付けることができるよう指導する。
　　ア　陸上運動の楽しさや喜びを味わい，その行い方を理解し，基本的な技能を身に付けること。
　　イ　陸上運動についての自分やグループの課題を見付け，その解決のために友達と考えたり，工夫したりしたことを他者に伝えること。
　　ウ　陸上運動に積極的に取り組み，きまりを守り，友達と助け合ったり，場や用具の安全に留意したりし，自己の力を発揮して運動をすること。
　D　水泳運動
　　　水泳運動について，次の事項を身に付けることができるよう指導する。
　　ア　水泳運動の楽しさや喜びを味わい，その行い方を理解し，基本的な技能を身に付けること。
　　イ　水泳運動についての自分やグループの課題を見付け，その解決のために友達と考えたり，工夫したりしたことを他者に伝えること。
　　ウ　水泳運動に積極的に取り組み，きまりなどを守り，友達と助け合ったり，場や用具の安全に留意したりし，自己の力を発揮して運動をすること。
　E　球技
　　　球技について，次の事項を身に付けることができるよう指導する。
　　ア　球技の楽しさや喜びを味わい，その行い方を理解し，基本的な技能を身に付け，簡易

化されたゲームを行うこと。
　　イ　球技についての自分やチームの課題を見付け，その解決のために友達と考えたり，工夫したりしたことを他者に伝えること。
　　ウ　球技に積極的に取り組み，きまりや簡単なルールを守り，友達と助け合ったり，場や用具の安全に留意したりし，自己の力を発揮して運動をすること。
　F　武道
　　武道について，次の事項を身に付けることができるよう指導する。
　　ア　武道の楽しさや喜びに触れ，その行い方や伝統的な考え方を理解し，基本動作や基本となる技を用いて，簡易な攻防を展開すること。
　　イ　武道についての自分やグループの課題を見付け，その解決のために友達と考えたり，工夫したりしたことを他者に伝えること。
　　ウ　武道に積極的に取り組み，きまりや伝統的な行動の仕方を守り，友達と助け合ったり，場や用具の安全に留意したりし，自己の力を発揮して運動をすること。
　G　ダンス
　　ダンスについて，次の事項を身に付けることができるよう指導する。
　　ア　ダンスの楽しさや喜びを味わい，その行い方を理解し，基本的な技能を身に付け，表現したり踊ったりすること。
　　イ　ダンスについての自分やグループの課題を見付け，その解決のために友達と考えたり，工夫したりしたことを他者に伝えること。
　　ウ　ダンスに積極的に取り組み，友達のよさを認め助け合ったり，場や用具の安全に留意したりし，自己の力を発揮して運動をすること。
　H　保健
　　健康・安全に関する事項について，次の事項を身に付けることができるよう指導する。
　　ア　体の発育・発達やけがの防止，病気の予防などの仕方について理解し，基本的な技能を身に付けること。
　　イ　自分やグループの健康・安全についての課題を見付け，その解決のために友達と考えたり，工夫したりしたことを他者に伝えること。

3　指導計画の作成と内容の取扱い
(1)　指導計画の作成に当たっては，次の事項に配慮するものとする。
　ア　各段階の内容のまとまりを見通して，その中で育む資質・能力の育成に向けて，生徒の主体的・対話的で深い学びの実現を図るようにすること。その際，体育や保健の見方・考え方を働かせ，運動や健康についての自他の課題を見付け，個々の生徒の障害の状態等に応じて，その解決のための活動の充実を図ること。また，運動の楽しさや喜びを味わったり，健康の大切さを実感したりすることができるよう，留意すること。
　イ　「A体つくり運動」及び「H保健」については，3学年間にわたって取り扱うこと。
(2)　2の各段階の内容の取扱いについては，次の事項に配慮するものとする。
　ア　学校や地域の実態を考慮するとともに，個々の生徒の障害の状態等，運動の経験及び技能の程度などに応じた指導や生徒自らが運動の課題の解決を目指す活動を行えるよう工夫すること。
　イ　運動を苦手と感じている生徒や，運動に意欲的に取り組まない生徒への指導を工夫する

こと。
ウ 「A体つくり運動」から「Gダンス」までと「H保健」との関連を図る指導を工夫すること。
エ 「E球技」については，個の能力だけでなく，より集団を意識したゲームを取り扱うものとすること。
オ 「F武道」については，武道場や用具の確保が難しい場合は指導方法を工夫して行うとともに，安全面に十分留意すること。
カ 自然との関わりの深い雪遊び，氷上遊び，スキー，スケート，水辺活動などの指導については，生徒の障害の状態等，学校や地域の実態等に応じて積極的に行うようにすること。
キ オリンピック・パラリンピックなどとも関連させ，フェアなプレイを大切にするなど，生徒の発達の段階に応じて，運動やスポーツの大切さや必要性等に触れるようにするとともに，運動やスポーツを「すること」，「知ること」，「見ること」，「応援すること」などの多様な関わり方について取り扱うようにすること。

〔職業・家庭〕
1 目　標
　生活の営みに係る見方・考え方や職業の見方・考え方を働かせ，生活や職業に関する実践的・体験的な学習活動を通して，よりよい生活の実現に向けて工夫する資質・能力を次のとおり育成することを目指す。
(1) 生活や職業に対する関心を高め，将来の家庭生活や職業生活に係る基礎的な知識や技能を身に付けるようにする。
(2) 将来の家庭生活や職業生活に必要な事柄を見いだして課題を設定し，解決策を考え，実践を評価・改善し，自分の考えを表現するなどして，課題を解決する力を養う。
(3) よりよい家庭生活や将来の職業生活の実現に向けて，生活を工夫し考えようとする実践的な態度を養う。

2 各段階の目標及び内容
○1段階
(1) 目　標
　職業分野
　　職業に係る見方・考え方を働かせ，作業や実習に関する実践的・体験的な学習活動を通して，よりよい生活の実現に向けて工夫する資質・能力を次のとおり育成することを目指す。
　ア 職業について関心をもち，将来の職業生活に係る基礎的な知識や技能を身に付けるようにする。
　イ 将来の職業生活に必要な事柄について触れ，課題や解決策に気付き，実践し，学習したことを伝えるなど，課題を解決する力の基礎を養う。
　ウ 将来の職業生活の実現に向けて，生活を工夫しようとする態度を養う。

　家庭分野
　　生活の営みに係る見方・考え方を働かせ，衣食住などに関する実践的・体験的な学習活動を通して，よりよい生活の実現に向けて工夫する資質・能力を次のとおり育成することを目

指す。
　ア　家庭の中の自分の役割に気付き，生活の自立に必要な家族・家庭，衣食住，消費や環境等についての基礎的な理解を図るとともに，それらに係る技能を身に付けるようにする。
　イ　家庭生活に必要な事柄について触れ，課題や解決策に気付き，実践し，学習したことを伝えるなど，日常生活において課題を解決する力の基礎を養う。
　ウ　家族や地域の人々とのやりとりを通して，よりよい生活の実現に向けて，生活を工夫しようとする態度を養う。
(2)　内　容
　職業分野
　　A　職業生活
　　　ア　働くことの意義
　　　　働くことに関心をもち，作業や実習等に関わる学習活動を通して，次の事項を身に付けることができるよう指導する。
　　　　(ｱ)　働くことの目的などを知ること。
　　　　(ｲ)　意欲や見通しをもって取り組み，自分の役割について気付くこと。
　　　　(ｳ)　作業や実習等で達成感を得ること。
　　　イ　職業
　　　　職業に関わる事柄について，考えたり，体験したりする学習活動を通して，次の事項を身に付けることができるよう指導する。
　　　　(ｱ)　職業に関わる知識や技能について，次のとおりとする。
　　　　　㋐　職業生活に必要な知識や技能について知ること。
　　　　　㋑　職業生活を支える社会の仕組み等があることを知ること。
　　　　　㋒　材料や育成する生物等の扱い方及び生産や生育活動等に関わる基礎的な技術について知ること。
　　　　　㋓　作業課題が分かり，使用する道具等の扱い方に慣れること。
　　　　　㋔　作業の持続性や巧緻性などを身に付けること。
　　　　(ｲ)　職業生活に必要な思考力，判断力，表現力等について，次のとおりとする。
　　　　　㋐　職業に関わる事柄と作業や実習で取り組む内容との関連について気付くこと。
　　　　　㋑　作業に当たり安全や衛生について気付き，工夫すること。
　　　　　㋒　職業生活に必要な健康管理について気付くこと。
　　B　情報機器の活用
　　　　職業生活で使われるコンピュータ等の情報機器に触れることなどに関わる学習活動を通して，次の事項を身に付けることができるよう指導する。
　　　ア　コンピュータ等の情報機器の初歩的な操作の仕方を知ること。
　　　イ　コンピュータ等の情報機器に触れ，体験したことなどを他者に伝えること。
　　C　産業現場等における実習
　　　　実際的な学習活動を通して，次の事項を身に付けることができるよう指導する。
　　　ア　職業や進路に関わることについて関心をもったり，調べたりすること。
　　　イ　職業や職業生活，進路に関わることについて，気付き，他者に伝えること。

家庭分野

A 家族・家庭生活
　ア　自分の成長と家族
　　　自分の成長に気付くことや家族のことなどに関わる学習活動を通して，次の事項を身に付けることができるよう指導する。
　　(ｱ)　自分の成長を振り返りながら，家庭生活の大切さを知ること。
　　(ｲ)　家族とのやりとりを通して，家族を大切にする気持ちを育み，よりよい関わり方について気付き，それらを他者に伝えること。
　イ　家庭生活と役割
　　　家庭の中での役割などに関わる学習活動を通して，次の事項を身に付けることができるよう指導する。
　　(ｱ)　家庭における役割や地域との関わりについて関心をもち，知ること。
　　(ｲ)　家庭生活に必要なことや自分の果たす役割に気付き，それらを他者に伝えること。
　ウ　家庭生活における余暇
　　　家庭における余暇の過ごし方などに関わる学習活動を通して，次の事項を身に付けることができるよう指導する。
　　(ｱ)　健康や様々な余暇の過ごし方について知り，実践しようとすること。
　　(ｲ)　望ましい生活環境や健康及び様々な余暇の過ごし方について気付き，工夫すること。
　エ　幼児の生活と家族
　　　幼児と接することなどに関わる学習活動を通して，次の事項を身に付けることができるよう指導する。
　　(ｱ)　幼児の特徴や過ごし方について知ること。
　　(ｲ)　幼児への適切な関わり方について気付き，それらを他者に伝えること。
B 衣食住の生活
　ア　食事の役割
　　　食事の仕方や食事の大切さに気付くことなどに関わる学習活動を通して，次の事項を身に付けることができるよう指導する。
　　(ｱ)　健康な生活と食事の役割について知ること。
　　(ｲ)　適切な量の食事を楽しくとることの大切さに気付き，それらを他者に伝えること。
　イ　調理の基礎
　　　必要な材料を使って食事の準備をすることなどに関わる学習活動を通して，次の事項を身に付けることができるよう指導する。
　　(ｱ)　簡単な調理の仕方や手順について知り，できるようにすること。
　　(ｲ)　簡単な調理計画について考えること。
　ウ　衣服の着用と手入れ
　　　衣服の着方や手入れの仕方などに関わる学習活動を通して，次の事項を身に付けることができるよう指導する。
　　(ｱ)　場面に応じた日常着の着方や手入れの仕方などについて知り，実践しようとすること。
　　(ｲ)　日常着の着方や手入れの仕方に気付き，工夫すること。
　エ　快適な住まい方

　　　　　持ち物の整理や住まいの清掃などに関わる学習活動を通して，次の事項を身に付けることができるよう指導する。
　　　　　㋐　住まいの主な働きや，整理・整頓や清掃の仕方について知り，実践しようとすること。
　　　　　㋑　季節の変化に合わせた住まい方，整理・整頓や清掃の仕方に気付き，工夫すること。
　　　C　消費生活・環境
　　　　ア　身近な消費生活
　　　　　買物の仕組みや必要な物の選び方などに関わる学習活動を通して，次の事項を身に付けることができるよう指導する。
　　　　　㋐　生活に必要な物の選び方，買い方，計画的な使い方などについて知り，実践しようとすること。
　　　　　㋑　生活に必要な物を選んだり，物を大切に使おうとしたりすること。
　　　　イ　環境に配慮した生活
　　　　　身近な生活の中で環境に配慮することに関わる学習活動を通して，次の事項を身に付けることができるよう指導する。
　　　　　㋐　身近な生活の中で，環境に配慮した物の使い方などについて知り，実践しようとすること。
　　　　　㋑　身近な生活の中で，環境に配慮した物の使い方などについて考え，工夫すること。
○2段階
　(1)　目　標
　　職業分野
　　　職業に係る見方・考え方を働かせ，作業や実習に関する実践的・体験的な学習活動を通して，よりよい生活の実現に向けて工夫する資質・能力を次のとおり育成することを目指す。
　　ア　働くことに対する関心を高め，将来の職業生活に係る基礎的な知識や技能を身に付けるようにする。
　　イ　将来の職業生活に必要な事柄を見いだして課題を設定し，解決策を考え，実践し，学習したことを振り返り，考えたことを表現するなど，課題を解決する力を養う。
　　ウ　将来の職業生活の実現に向けて，生活を工夫し考えようとする実践的な態度を養う。

　　家庭分野
　　　生活の営みに係る見方・考え方を働かせ，衣食住などに関する実践的・体験的な学習活動を通して，よりよい生活の実現に向けて工夫する資質・能力を次のとおり育成することを目指す。
　　ア　家族や自分の役割について理解し，生活の自立に必要な家族・家庭，衣食住，消費や環境等についての基礎的な理解を図るとともに，それらに係る技能を身に付けるようにする。
　　イ　家庭生活に必要な事柄について考え，課題を設定し，解決策を考え，実践し，学習したことを振り返り，考えたことを表現するなど，日常生活において課題を解決する力を養う。
　　ウ　家族や地域の人々とのやりとりを通して，よりよい生活の実現に向けて，生活を工夫し考えようとする実践的な態度を養う。
　(2)　内　容

職業分野
　A　職業生活
　　ア　働くことの意義
　　　　働くことに対する意欲や関心を高め，他者と協力して取り組む作業や実習等に関わる学習活動を通して，次の事項を身に付けることができるよう指導する。
　　　㈰　働くことの目的などを理解すること。
　　　㈪　意欲や見通しをもって取り組み，自分と他者との関係や役割について考えること。
　　　㈫　作業や実習等に達成感を得て，進んで取り組むこと。
　　イ　職業
　　　　職業に関わる事柄について，考えを深めたり，体験したりする学習活動を通して，次の事項を身に付けることができるよう指導する。
　　　㈰　職業に関わる知識や技能について，次のとおりとする。
　　　　㋐　職業生活に必要な知識や技能を理解すること。
　　　　㋑　職業生活を支える社会の仕組み等があることを理解すること。
　　　　㋒　材料や育成する生物等の特性や扱い方及び生産や生育活動等に関わる基礎的な技術について理解すること。
　　　　㋓　作業課題が分かり，使用する道具や機械等の扱い方を理解すること。
　　　　㋔　作業の確実性や持続性，巧緻性等を身に付けること。
　　　㈪　職業生活に必要な思考力，判断力，表現力等について，次のとおりとする。
　　　　㋐　職業に関わる事柄と作業や実習で取り組む内容との関連について，考えて，発表すること。
　　　　㋑　作業上の安全や衛生及び作業の効率について考えて，工夫すること。
　　　　㋒　職業生活に必要な健康管理について考えること。
　B　情報機器の活用
　　　職業生活や社会生活で使われるコンピュータ等の情報機器を扱うことに関わる学習活動を通して，次の事項を身に付けることができるよう指導する。
　　ア　コンピュータ等の情報機器の基礎的な操作の仕方を知り，扱いに慣れること。
　　イ　コンピュータ等の情報機器を扱い，体験したことや自分の考えを表現すること。
　C　産業現場等における実習
　　　実際的な学習活動を通して，次の事項を身に付けることができるよう指導する。
　　ア　職業や進路に関わることについて調べて，理解すること。
　　イ　職業や職業生活，進路に関わることと自己の成長などについて考えて，発表すること。

家庭分野
　A　家族・家庭生活
　　ア　自分の成長と家族
　　　　自分の成長と家族や家庭生活などに関わる学習活動を通して，次の事項を身に付けることができるよう指導する。
　　　㈰　自分の成長を振り返り，家庭生活の大切さを理解すること。
　　　㈪　家族とのやりとりを通して，家族を大切にする気持ちを育み，よりよい関わり方

について考え，表現すること。
  イ　家庭生活と役割
　　家庭生活での役割などに関わる学習活動を通して，次の事項を身に付けることができるよう指導する。
　　(ｱ) 家庭における役割や地域との関わりについて調べて，理解すること。
　　(ｲ) 家庭生活に必要なことに関して，家族の一員として，自分の果たす役割を考え，表現すること。
  ウ　家庭生活における余暇
　　家庭生活における健康や余暇に関わる学習活動を通して，次の事項を身に付けることができるよう指導する。
　　(ｱ) 健康管理や余暇の過ごし方について理解し，実践すること。
　　(ｲ) 望ましい生活環境や健康管理及び自分に合った余暇の過ごし方について考え，表現すること。
  エ　家族や地域の人々との関わり
　　家族との触れ合いや地域の人々と接することなどに関わる学習活動を通して，次の事項を身に付けることができるよう指導する。
　　(ｱ) 地域生活や地域の活動について調べて，理解すること。
　　(ｲ) 家族との触れ合いや地域生活に関心をもち，家族や地域の人々と地域活動への関わりについて気付き，表現すること。
B　衣食住の生活
  ア　食事の役割
　　楽しく食事をするための工夫などに関わる学習活動を通して，次の事項を身に付けることができるよう指導する。
　　(ｱ) 健康な生活と食事の役割や日常の食事の大切さを理解すること。
　　(ｲ) 日常の食事の大切さや規則正しい食事の必要性を考え，表現すること。
  イ　栄養を考えた食事
　　バランスのとれた食事について考えることに関わる学習活動を通して，次の事項を身に付けることができるよう指導する。
　　(ｱ) 身体に必要な栄養について関心をもち，理解し，実践すること。
　　(ｲ) バランスのとれた食事について気付き，献立などを工夫すること。
  ウ　調理の基礎
　　食事の準備や調理の仕方などに関わる学習活動を通して，次の事項を身に付けることができるよう指導する。
　　(ｱ) 調理に必要な材料の分量や手順などについて理解し，適切にできること。
　　(ｲ) 調理計画に沿って，調理の手順や仕方を工夫すること。
  エ　衣服の着用と手入れ
　　衣服の手入れや洗濯の仕方などに関わる学習活動を通して，次の事項を身に付けることができるよう指導する。
　　(ｱ) 日常着の使い分けや手入れの仕方などについて理解し，実践すること。
　　(ｲ) 日常着の快適な着方や手入れの仕方を考え，工夫すること。
  オ　快適で安全な住まい方

　　　　住まいの整理・整頓や清掃などに関わる学習活動を通して，次の事項を身に付ける
　　　ことができるよう指導する。
　　　(ｱ)　快適な住まい方や，安全について理解し，実践すること。
　　　(ｳ)　季節の変化に合わせた快適な住まい方に気付き，工夫すること。
　　C　消費生活・環境
　　　ア　身近な消費生活
　　　　　身近な消費生活について考えることなどに関わる学習活動を通して，次の事項を身
　　　に付けることができるよう指導する。
　　　(ｱ)　生活に必要な物の選択や扱い方について理解し，実践すること。
　　　(ｲ)　生活に必要な物について考えて選ぶことや，物を大切に使う工夫をすること。
　　　イ　環境に配慮した生活
　　　　　自分の生活と環境との関連などに関わる学習活動を通して，次の事項を身に付ける
　　　ことができるよう指導する。
　　　(ｱ)　身近な生活の中での環境との関わりや環境に配慮した物の使い方などについて理
　　　　解　し，実践すること。
　　　(ｲ)　身近な生活の中で，環境との関わりや環境に配慮した生活について考えて，物の
　　　　使い方などを工夫すること。

3　指導計画の作成と内容の取扱い
　(1)　指導計画の作成に当たっては，次の事項に配慮するものとする。
　　ア　題材など内容や時間のまとまりを見通して，その中で育む資質・能力の育成に向けて，
　　　生徒の主体的・対話的で深い学びの実現を図るようにすること。その際，作業や実習など
　　　体験的な活動と知識とを相互に関連付けてより深く理解できるようにすること。
　　イ　職業分野及び家庭分野に示された各段階の目標・内容については，分野相互の関連を図
　　　り，総合的に展開されるよう適切に計画すること。その際，小学部の生活科をはじめとす
　　　る各教科等とのつながりや，中学部における他教科等との関連を重視することや高等部に
　　　おける職業科，家庭科，情報科等の学習を見据え，系統的に指導できるよう計画すること。
　　ウ　生徒一人一人のキャリア発達を促していくことを踏まえ，発達の段階に応じて望ましい
　　　勤労観や職業観を身に付け，自らの生き方を考えて進路を主体的に選択することができる
　　　よう，将来の生き方等についても扱うなど，組織的かつ計画的に指導を行うこと。
　　エ　地域や産業界との連携を図り，実際的な学習活動や就業体験，実習等を計画的に取り入
　　　れること。産業現場等における実習については，校内での作業や就業体験等と関連させ，
　　　段階的・系統的に指導するよう配慮すること。
　(2)　2の各段階の内容の取扱いについては，次の事項に配慮するものとする。
　　ア　実習の指導に当たっては，施設・設備の安全・衛生管理に配慮し，学習環境を整備する
　　　とともに，火気，用具，材料などの取扱いと事故防止の指導を徹底するものとする。その
　　　際，適切な服装や防護眼鏡・防塵マスクの着用等による安全の確保に努めること。
　　イ　職業分野
　　　　職業分野の内容の取扱いについては，次の事項に配慮するものとする。
　　　(ｱ)　基礎的な知識及び技能を習得し，その理解を深めることで概念が育まれるとともに，
　　　　仕事の楽しさや完成の喜びを体得できるよう，実践的・体験的な学習活動を充実するこ

と。
　　(イ) 生徒が習得した知識や技能を生活に活用できるよう，問題解決的な学習を充実するとともに，家庭や地域との連携を図ること。
　　(ウ) 職業生活や家庭生活に必要な生きて働く知識や技能及び態度の形成に重点を置いた指導が行われるように配慮すること。
　　(エ) 職業生活における余暇については，家庭生活における余暇と関連させて指導すること。
　　(オ) 「B情報機器の活用」については，家庭生活における情報機器の取扱いについても留意して指導すること。
　ウ　家庭分野
　　家庭分野の内容の取扱いについては，次の事項に配慮するものとする。
　　(ア) 食に関する指導では，職業・家庭科の特質に応じて，食育の充実に資すること。
　　(イ) 幼児と関わるなどの校外での学習について，事故の防止策及び事故発生時の対応策等を綿密に計画するとともに，相手に対する配慮にも十分留意するものとする。
　　(ウ) 調理に用いる食品については，安全・衛生に留意すること。また，食物アレルギーについても配慮すること。

〔外国語〕
1　目　標
　　外国語によるコミュニケーションにおける見方・考え方を働かせ，外国語の音声や基本的な表現に触れる活動を通して，コミュニケーションを図る素地となる資質・能力を次のとおり育成することを目指す。
(1) 外国語を用いた体験的な活動を通して，身近な生活で見聞きする外国語に興味や関心をもち，外国語の音声や基本的な表現に慣れ親しむようにする。
(2) 身近で簡単な事柄について，外国語で聞いたり話したりして自分の考えや気持ちなどを伝え合う力の素地を養う。
(3) 外国語を通して，外国語やその背景にある文化の多様性を知り，相手に配慮しながらコミュニケーションを図ろうとする態度を養う。

2　内　容
〔英　語〕
〔知識及び技能〕
(1) 英語の特徴等に関する事項
　　実際に英語を用いた場面や状況等における言語活動を通して，次の事項を身に付けることができるよう指導する。
　ア　英語の音声や基本的な表現に慣れ親しむこと
　　(ア) 英語の音声を聞き，真似て声を出したり，話したりしようとすること。
　　(イ) 英語の音声や文字も，事物の内容を表したり，要件を伝えたりなどの働きがあることを感じ取ること。
　　(ウ) 基本的な表現や語句が表す内容を知り，それらを使うことで相手に伝わることを感じ取ること。
　イ　日本と外国の言語や文化に慣れ親しむこと。

(ア)　体験的な活動を通して，日本と外国との生活，習慣，行事などの違いを知ること。
　　(イ)　対話的な活動を通して，相手の発言をよく聞こうとしたり，相づちや表情，ジェスチャーなどで応じようとしたりすること。
　〔思考力，判断力，表現力等〕
(2)　情報を整理し，表現したり，伝え合ったりすることに関する事項
　　具体的な課題等を設定し，コミュニケーションを行う目的や場面，状況などに応じて情報や考えなどを表現することを通して，次の事項を身に付けることができるよう指導する。
　ア　日常生活に関する簡単な事柄について，伝えたいことを考え，簡単な語などや基本的な表現を使って伝え合うこと。
　イ　日常生活に関する簡単な事柄について，自分の気持ちや考えなどが伝わるよう，工夫して質問をしたり，質問に答えたりすること。
(3)　言語活動及び言語の働きに関する事項
　①　言語活動に関する事項
　　　(2)に示す事項については，(1)に示す事項を活用して，例えば，次のような言語活動を通して指導する。
　　ア　聞くこと
　　　(ア)　文字の発音を聞いて文字と結び付ける活動。
　　　(イ)　身近で具体的な事物に関する簡単な英語を聞き，それが表す内容をイラストや写真と結び付ける活動。
　　　(ウ)　挨拶や簡単な指示に応じる活動。
　　イ　話すこと［発表］
　　　(ア)　自分の名前，年齢，好みなどを簡単な語などや基本的な表現を用いて表現する活動。
　　　(イ)　身近で具体的な事物の様子や状態を簡単な語などや基本的な表現，ジェスチャーを用いて表現する活動。
　　ウ　話すこと［やり取り］
　　　(ア)　簡単な挨拶をし合う活動。
　　　(イ)　自分のことについて，具体物などを相手に見せながら，好みや要求などの自分の考えや気持ちを伝え合う活動。
　　　(ウ)　ゆっくり話される簡単な質問に，英語の語など又は身振りや動作などで応じる活動。
　　エ　書くこと
　　　(ア)　身近な事物を表す文字を書く活動。
　　　(イ)　例示を見ながら自分の名前を書き写す活動。
　　オ　読むこと
　　　(ア)　身の回りで使われている文字や単語を見付ける活動。
　　　(イ)　日本の人の名前や地名の英語表記に使われている文字を読む活動。
　②　言語の働きに関する事項
　　　言語活動を行うに当たり，主として次に示すような言語の使用場面や言語の働きを取り上げるようにする。
　　ア　言語の使用場面の例
　　　(ア)　特有の表現がよく使われる場面
　　　　㋐　挨拶をする

㋑　自己紹介をする
　　　㋒　買物をする
　　　㋓　食事をする　など
　　(イ)　生徒の身近な暮らしに関わる場面
　　　㋐　ゲーム
　　　㋑　歌やダンス
　　　㋒　学校での学習や活動
　　　㋓　家庭での生活　など
　イ　言語の働きの例
　　(ア)　コミュニケーションを円滑にする
　　　㋐　挨拶をする
　　　㋑　相づちを打つ
　　(イ)　気持ちを伝える
　　　㋐　礼を言う
　　　㋑　褒める
　　(ウ)　相手の行動を促す
　　　㋐　質問する

〔その他の外国語〕
　その他の外国語については，外国語の2の内容の〔英語〕に準じて指導を行うものとする。

3　指導計画の作成と内容の取扱い
　(1)　外国語科においては，英語を履修させることを原則とすること。
　(2)　指導計画の作成に当たっては，次の事項に配慮するものとする。
　　ア　単元など内容や時間のまとまりを見通して，その中で育む資質・能力の育成に向けて，生徒の主体的・対話的で深い学びの実現を図るようにすること。その際，具体的課題等を設定し，生徒が外国語によるコミュニケーションにおける見方・考え方を働かせながら，コミュニケーションの目的や場面，状況などを意識して活動を行い，英語の音声や語彙，表現などの知識を，五つの領域における実際のコミュニケーションにおいて活用する学習の充実を図ること。
　　イ　これまでに学習した外国語活動との関連に留意して，指導計画を適切に作成すること。
　　ウ　外国語科を設ける場合は，生徒の障害の状態や実態に応じて，指導目標を適切に定め，3年間を通して外国語科の目標の実現を図るようにすること。また，高等部における指導との接続に配慮すること。
　　エ　指導内容や活動については，生徒の興味や関心，経験などに合ったものとし，国語科や音楽科，美術科などの他教科等で生徒が学習したことを活用するなどの工夫により，指導の効果を高めるようにすること。
　　オ　学級担任の教師又は外国語を担当する教師が指導計画を作成し，授業を実施するに当たっては，ネイティブ・スピーカーや英語が堪能な地域人材などの協力を得る等，指導体制等の充実を図るとともに，指導方法を工夫すること。
　　カ　外国語を通して他者とコミュニケーションを図ることの必要性や楽しさを味わうことが

できるよう工夫すること。
(3) 2の内容の取扱いについては，次の事項に配慮するものとする。
　ア　言語材料については，生徒に身近でなじみのある簡単なものから扱うようにするとともに，語，連語及び慣用表現については活用頻度の高いものを用い，必要に応じて繰り返し活用しながら体験的な理解を図るようにすること。
　イ　2の内容のうち，主として言語や文化に関する内容の指導については，言語活動との関連を図るようにすること。その際，日本語と外国語との違いに生徒が気付くなど体験的な理解を図ることとし，指導内容が必要以上に細部にわたったり，形式的になったりしないようにすること。
　ウ　生徒の実態や教材の内容などに応じて，情報機器等を有効に活用し適切な言語材料を十分に提供できるようにすること。

第2　指導計画の作成と各教科全体にわたる内容の取扱い
　指導計画の作成と各教科全体にわたる内容の取扱いについては，第2章第1節第2款第2において特に示している事項に準ずるものとする。

付録3　特別支援学校小学部・中学部学習指導要領　第7章　自立活動

第1　目　標

　個々の児童又は生徒が自立を目指し，障害による学習上又は生活上の困難を主体的に改善・克服するために必要な知識，技能，態度及び習慣を養い，もって心身の調和的発達の基盤を培う。

第2　内　容
  1　健康の保持
  (1)　生活のリズムや生活習慣の形成に関すること。
  (2)　病気の状態の理解と生活管理に関すること。
  (3)　身体各部の状態の理解と養護に関すること。
  (4)　障害の特性の理解と生活環境の調整に関すること。
  (5)　健康状態の維持・改善に関すること。
  2　心理的な安定
  (1)　情緒の安定に関すること。
  (2)　状況の理解と変化への対応に関すること。
  (3)　障害による学習上又は生活上の困難を改善・克服する意欲に関すること。
  3　人間関係の形成
  (1)　他者とのかかわりの基礎に関すること。
  (2)　他者の意図や感情の理解に関すること。
  (3)　自己の理解と行動の調整に関すること。
  (4)　集団への参加の基礎に関すること。
  4　環境の把握
  (1)　保有する感覚の活用に関すること。
  (2)　感覚や認知の特性についての理解と対応に関すること。
  (3)　感覚の補助及び代行手段の活用に関すること。
  (4)　感覚を総合的に活用した周囲の状況についての把握と状況に応じた行動に関すること。
  (5)　認知や行動の手掛かりとなる概念の形成に関すること。
  5　身体の動き
  (1)　姿勢と運動・動作の基本的技能に関すること。
  (2)　姿勢保持と運動・動作の補助的手段の活用に関すること。
  (3)　日常生活に必要な基本動作に関すること。
  (4)　身体の移動能力に関すること。
  (5)　作業に必要な動作と円滑な遂行に関すること。
  6　コミュニケーション
  (1)　コミュニケーションの基礎的能力に関すること。
  (2)　言語の受容と表出に関すること。
  (3)　言語の形成と活用に関すること。
  (4)　コミュニケーション手段の選択と活用に関すること。
  (5)　状況に応じたコミュニケーションに関すること。

第3　個別の指導計画の作成と内容の取扱い
  1　自立活動の指導に当たっては，個々の児童又は生徒の障害の状態や特性及び心身の発達の

段階等の的確な把握に基づき，指導すべき課題を明確にすることによって，指導目標及び指導内容を設定し，個別の指導計画を作成するものとする。その際，第2に示す内容の中からそれぞれに必要とする項目を選定し，それらを相互に関連付け，具体的に指導内容を設定するものとする。
2 個別の指導計画の作成に当たっては，次の事項に配慮するものとする。
 (1) 個々の児童又は生徒について，障害の状態，発達や経験の程度，興味・関心，生活や学習環境などの実態を的確に把握すること。
 (2) 児童又は生徒の実態把握に基づいて得られた指導すべき課題相互の関連を検討すること。その際，これまでの学習状況や将来の可能性を見通しながら，長期的及び短期的な観点から指導目標を設定し，それらを達成するために必要な指導内容を段階的に取り上げること。
 (3) 具体的な指導内容を設定する際には，以下の点を考慮すること。
  ア 児童又は生徒が，興味をもって主体的に取り組み，成就感を味わうとともに自己を肯定的に捉えることができるような指導内容を取り上げること。
  イ 児童又は生徒が，障害による学習上又は生活上の困難を改善・克服しようとする意欲を高めることができるような指導内容を重点的に取り上げること。
  ウ 個々の児童又は生徒が，発達の遅れている側面を補うために，発達の進んでいる側面を更に伸ばすような指導内容を取り上げること。
  エ 個々の児童又は生徒が，活動しやすいように自ら環境を整えたり，必要に応じて周囲の人に支援を求めたりすることができるような指導内容を計画的に取り上げること。
  オ 個々の児童又は生徒に対し，自己選択・自己決定する機会を設けることによって，思考・判断・表現する力を高めることができるような指導内容を取り上げること。
  カ 個々の児童又は生徒が，自立活動における学習の意味を将来の自立や社会参加に必要な資質・能力との関係において理解し，取り組めるような指導内容を取り上げること。
 (4) 児童又は生徒の学習状況や結果を適切に評価し，個別の指導計画や具体的な指導の改善に生かすよう努めること。
 (5) 各教科，道徳科，外国語活動，総合的な学習の時間及び特別活動の指導と密接な関連を保つようにし，計画的，組織的に指導が行われるようにするものとする。
3 個々の児童又は生徒の実態に応じた具体的な指導方法を創意工夫し，意欲的な活動を促すようにするものとする。
4 重複障害者のうち自立活動を主として指導を行うものについては，全人的な発達を促すために必要な基本的な指導内容を，個々の児童又は生徒の実態に応じて設定し，系統的な指導が展開できるようにするものとする。その際，個々の児童又は生徒の人間として調和のとれた育成を目指すように努めるものとする。
5 自立活動の指導は，専門的な知識や技能を有する教師を中心として，全教師の協力の下に効果的に行われるようにするものとする。
6 児童又は生徒の障害の状態等により，必要に応じて，専門の医師及びその他の専門家の指導・助言を求めるなどして，適切な指導ができるようにするものとする。
7 自立活動の指導の成果が進学先等でも生かされるように，個別の教育支援計画等を活用して関係機関等との連携を図るものとする。

【執筆者紹介】（執筆順）

宮﨑　英憲	東洋大学名誉教授
喜多　好一	東京都江東区立豊洲北小学校校長
山中ともえ	東京都調布市立飛田給小学校校長
大崎　博史	独立行政法人国立特別支援教育総合研究所総括研究員
横倉　　久	東京都立大塚ろう学校校長
樋口　一宗	東北福祉大学教授
樋口普美子	和光市教育委員会学校教育課課長補佐兼指導主事
上杉　忠司	神奈川県川崎市立聾学校校長
髙橋　　玲	群馬県教育委員会特別支援教育課補佐
細谷　忠司	埼玉県立けやき特別支援学校校長
山本久美子	山梨県立大学非常勤講師
三上　宗佑	東京都立城東特別支援学校
増田　知洋	東京都立江東特別支援学校
佐藤　圭吾	秋田県教育庁特別支援教育課主任指導主事
日下奈緒美	千葉県立松戸特別支援学校教頭
毛利　亜紀	東京都調布市立第八中学校
平野　恵里	東京都八王子市立上柚木中学校
三富　貴子	埼玉県熊谷市立三尻中学校
竹内　佑馬	埼玉県熊谷市立三尻中学校
井上　貴雅	東京都北区立赤羽岩淵中学校校長
西川　　諭	東京都調布市教育委員会指導室指導主事
下村　　治	神奈川県横浜市立洋光台第一中学校

【監修者紹介】
宮﨑　英憲（みやざき　ひでのり）
東洋大学名誉教授

【編著者紹介】
山中　ともえ（やまなか　ともえ）
東京都調布市立飛田給小学校校長

［本文イラスト］みやび　なぎさ

平成29年版
中学校新学習指導要領の展開
特別支援教育編

2018年6月初版第1刷刊	Ⓒ監修者	宮　﨑　英　憲
	編著者	山　中　と　も　え
	発行者	藤　原　光　政
	発行所	明治図書出版株式会社

http://www.meijitosho.co.jp
（企画）佐藤智恵（校正）川村千晶
〒114-0023　東京都北区滝野川7-46-1
振替00160-5-151318　電話03（5907）6703
ご注文窓口　電話03（5907）6668

＊検印省略　　組版所　中　央　美　版

本書の無断コピーは，著作権・出版権にふれます。ご注意ください。

Printed in Japan　　ISBN978-4-18-335311-5
もれなくクーポンがもらえる！読者アンケートはこちらから→